Carsten Mehliß

KARL FOERSTER

Seine Blumen, seine Gärten

Ulmer

Karl Foerster mit Rittersporn 'Perlmutterbaum', den er 1928 züchtete

Vorwort

Karl Foerster hat die Landschaftsarchitektur des 20. Jahrhunderts in Deutschland maßgeblich geprägt. Sein Einfluss als Pflanzenzüchter, Bepflanzungsplaner und Schriftsteller reicht bis in unsere Zeit.

Das Buch will Einblick geben in das reiche Leben dieses großen Forschers und Gartenkünstlers, der seine Lebensaufgabe darin sah, einer neuen Gartenkultur den Weg zu bereiten.

Die Publikation wurde 2006 an der Universität Kassel unter dem Titel *„Neue Blumen – Neue Gärten, Karl Foerster: Wegbereiter in der Staudenzüchtung und Gartengestaltung des 20. Jahrhunderts“* als Diplomarbeit im Fachgebiet Landschaftsbau und Vegetationstechnik vorgelegt.

Inhaltsverzeichnis

Foerster-Garten früher

Foerster-Garten heute

Zur Person Karl Foerster

Wenn ich noch einmal auf die Welt komme, werde ich wieder Gärtner und das nächste Mal auch noch. Denn für ein einziges Leben ward dieser Beruf zu groß. [1]

Biografie

Jugend und Elternhaus

Karl Foerster wurde am 9. März 1874 als drittes Kind von Ina Foerster, einer Malerin, und Wilhelm Julius Foerster, einem Astronomen und Mathematiker, in Berlin geboren. Er wächst dort mit seinen vier Geschwistern, Friedrich Wilhelm (1869–1966), Hulda (1872–1958), Ernst (1876–1955) und Martha (1886–1966) auf. Sein Vater beriet Alexander von Humboldt 1858/59 in astronomischen Fragen und trug so zur Entstehung des Humboldt-Werkes „*Kosmos*" bei. Von 1891 bis 1892 stand Wilhelm Julius Foerster als Rektor der Berliner Universität vor. Bis zur Rente 1903 wirkte er als Direktor an der Sternwarte am Enckeplatz in Berlin. Das Gebäude der Sternwarte war auch das Zuhause der Familie Foerster. Den großen Garten nutzte sie intensiv.

Die Foersters waren begeisterte Gartenliebhaber. Alle fünf Kinder bekamen ihren eigenen kleinen Gartenbereich mit Schuppen und Werkzeug, in dem sie völlig unabhängig voneinander wirtschaften konnten. Später beschrieb Karl Foerster die aufkeimende Leidenschaft zum Garten mit folgenden Erinnerungen: „Schon morgens vor der Schule stürmten wir immer gleich zu unseren Gärtchen hinaus, um zu sehen, ob die Pflanzen wieder größer geworden waren." [2] Rückblickend stellte Karl Foerster

Wilhelm und Ina Foerster mit ihren Kindern Friedrich Wilhelm (rechts), Hulda, Karl und Ernst (auf dem Schoß der Mutter). Um 1880 aufgenommen

KURZBIOGRAFIE

1874: Am 9. März wird Karl in Berlin geboren als drittes Kind der Malerin Ina Foerster, geborene Paschen (1848–1908) und des Astronomen und Mathematikers Wilhelm Julius Foerster (1832–1921), Direktor der Königlichen Sternwarte, Berlin. Karl wächst in Berlin auf.

1880: Eintritt in das Friedrich-Wilhelm-Gymnasium, Berlin.

1889–1891: Gärtnerlehre in der Schlossgärtnerei Schwerin.

1892–1893: Besuch der Gärtnerlehranstalt Potsdam-Wildpark.

1893–1903: Gehilfenzeit im Schloss Altenstein bei Bad Liebenstein (Meiningen), in Geisenheim, in Bordighera (Italien) sowie in Ahrensburg bei Hamburg.

1903–1907: Aufbau der eigenen Gärtnerei in Berlin-Westend.

1907: Erster Katalog der Gärtnerei Foerster.

1910–1911: Verlegung der Gärtnerei nach Potsdam-Bornim.

1911: Erster Bornimer Pflanzenkatalog, Veröffentlichung des Buches: „*Winterharte Blütenstauden und Sträucher der Neuzeit*".

1916: Einberufung zum Militär.

1920: Erster Erfolg bei der Züchtung am Rittersporn mit *Delphinium elatum* 'Berghimmel'.

1920–1941: Herausgabe der Zeitschrift „*Gartenschönheit*".

Die Berliner Sternwarte. Wohnsitz der Familie Foerster

Karl Foerster, 1907 in Berlin-Westend

fest, welch prägenden Einfluss dieser erste Garten auf ihn hatte: „Solche Stärke und Nachhaltigkeit der Leidenschaft für Garten und Pflanze, die sich in Kindern schon vom sechsten Jahre an einzunisten vermag, um nie wieder zu vergehen, kann von Erwachsenen ohne eigene Kindheits-Gartenerlebnisse kaum geahnt werden.“ [3] Diese tiefgreifende Erfahrung führte dazu, dass sich Karl Foerster sein Leben lang für eine Schülergartenbewegung einsetzte.

Dem wissenschaftlichen Einfluss des Vaters fügte die Mutter den künstlerischen hinzu. Sie war eine begabte Malerin, die ihre Eindrücke unentwegt mittels Ölmalerei festhielt. Der ältere Sohn des Paares, Friedrich Wilhelm Foerster, beschrieb

1927: Hochzeit mit der Sopranistin Eva Hildebrandt (1902–1996) aus Stettin.

1928: Gründung eines Planungsbüros in Bornim.

1931: Geburt der Tochter Marianne.

1932: Erste Züchtungen an *Phlox paniculata* kommen in den Handel.

1934: Gründung der *„Arbeitsgemeinschaft Gartengestaltung“* mit den Gartenarchitekten Hermann Mattern und Herta Hammerbacher.

1938: Anlage des ersten Schaugartens auf der Freundschaftsinsel in Potsdam.

1943: Züchtung und Staudenversand der Gärtnerei kommen durch den Krieg zum Erliegen.

1945: Die sowjetische Militärverwaltung beschlagnahmt die Gärtnerei und erklärt sie zum *„Züchtungs- und Forschungsbetrieb winterharter Blütenstauden“.*

1946–1948: Foerster verfasst für die Sowjetische Akademie der Wissenschaften ein Manuskript zu seiner Züchtungsarbeit.

1947: Die Züchtungsarbeit wird in der Gärtnerei wieder aufgenommen.

1949: Erster Nachkriegskatalog.

1950: Ehrendoktorwürde der Humboldt Universität zu Berlin.

1959: Ehrenbürgerschaft der Stadt Potsdam. Die Gärtnerei wird in eine Kommanditgesellschaft mit staatlicher Beteiligung umgewandelt.

1964: Ernennung zum Professor *honoris causa.*

1965: Gründung der Karl-Foerster-Stiftung für angewandte Vegetationskunde auf Initiative von Hermann Mattern.

1966: Erstes Ehrenmitglied der Internationalen Staudenunion.

1970: Ausstellung über Leben und Werk Karl Foersters in der Deutschen Staatsbibliothek, Berlin.

1970: Am 27. November stirbt Karl Foerster in Bornim.

ihren Einfluss auf die Kinder wie folgt: „[Sie] segnete unser ganzes Leben durch die Größe ihrer Freude an Tieren, Bäumen und Landschaften. Ihre Bilder zeigten nicht nur ihre Ergriffenheit von der Schönheit der Welt, sondern auch eine männliche Kraft der Unterscheidung, womit sie jeder Blumengruppe, jedem Baum und jeder Art von Landschaft [...] ihr ganz bestimmtes Gepräge gab, nichts verwischte und keine bloßen Farbkleckse hinsetzte, wo die Natur ganz präzise und unzweideutig redete.“ [4]

Die Geschwister wurden im humanistischen und naturwissenschaftlichen Geiste erzogen. Die Mutter las ihnen aus Homers *Ilias* und *Odyssee* vor und machte sie mit dem Werk Goethes vertraut. Der Vater führte sie an das Denken, das Arbeiten und die Weltanschauung Alexander von Humboldts heran sowie an ethische Fragestellungen. Wilhelm Foerster war Mitbegründer der „Gesellschaft für ethische Kultur“. Das folgende Zitat lässt die Geistesrichtung erkennen, die Karl Foerster verinnerlichte: „Der Aufblick zu den Himmelserscheinungen als Anfang des Verständnisses derselben erhebt unsere Seele über manches Beengende und Trennende im Leben. Er stärkt in uns das Gemeinschaftsgefühl der Erdenwelt [...], er trägt hier dazu bei, die verschiedenen Rassen und Völker einander zu nähern und eine freundliche, verständnisvolle und zweckmäßige Organisation des Zusammenlebens auf der ganzen Erde mit weiser, gerechter Verteilung ihres Gesamthaushalts zu fördern.“ [5]

Karl Foersters Ausbildungsstätte: die Schweriner Schlossgärtnerei

Ausbildung

1889 schloss Foerster mit dem Abitur das Gymnasium ab und begann an der Schlossgärtnerei Schwerin eine Ausbildung zum Gärtner. Zeitgleich begann dort auch Alexander Steffen seine Lehre. Die Ausbildung schloss Karl Foerster 1891 ab. Schon zu Beginn der Lehrzeit war ihm klar, dass er eine eigene Gärtnerei gründen würde. So schrieb er in einem Brief an seine Mutter: „Was traust du mir eigentlich im Betreff des Torfkarrens alles zu, liebe Mama? Ich glaube fast, du kennst mich noch gar nicht mal genau. Solche Arbeiten muß ich nun mal in Kauf nehmen. Als Gärtner werde ich viele solcher Dinge thun müssen. Und schließlich ist diese Arbeit auch nicht einmal so ganz außer Zusammenhang mit Gärtnerarbeit, denn sieh mal, wenn ich einmal Leute unter mir habe, werden dieselben wahrscheinlich auch diese Arbeit thun müssen, und dann kann ich doch Zeit und Mühe beurteilen.“ [6] Nach seiner Lehre besuchte er für zwei Jahre die Gärtnerlehranstalt Wildpark bei Potsdam. Einer seiner Lehrer dort war Dr. e. h. Fritz Encke. Danach begann für Karl Foerster eine siebenjährige Gehilfenzeit. Er sammelte gärtnerische Erfahrungen auf Schloss Altenstein bei Bad Liebenstein, in Geisenheim sowie beim Gartenarchitekten Ludwig Winter in Bordighera (Italien) und in Ahrensburg, beim Staudenbetrieb Nonne & Hoepker.

Den beiden letzten Stationen kam dabei besondere Bedeutung zu. Bei Ludwig Winter (1846–1926) lernte er frühe Naturgartenbeispiele kennen. Dieser war ein bekannter Pflanzenzüchter und Gartenarchitekt, der in Bordighera einen Palmen-

garten angelegt hatte. Dort waren verschiedene Palmenarten und mediterrane Pflanzen so angeordnet, dass sie den Eindruck einer natürlichen Pflanzengesellschaft vermittelten. Außerdem war Ludwig Winter maßgeblich an der Planung der berühmten Villa Hanbury mit dem „Garten der fünf Kontinente“ beteiligt. Ziel dieses Gartens war es, Pflanzen aus allen Regionen der Erde anzusiedeln und zu prüfen, welche Arten in diesem Teil Europas gut wachsen und ausreichend winterhart seien könnten. Im Staudenbetrieb Nonne & Hoepker, der zu den Zeiten Karl Foersters für seine Neuzüchtungen bekannt war, lernte er viele neue und wichtige Gartenpflanzen kennen.

Überschattet und unterbrochen wurden die Lehr- und Wanderjahre Karl Foersters von längeren Krankheitsphasen und Kuraufenthalten. Karls Foerster litt zeit seines Lebens unter großen Schmerzen. Erst im fortgeschrittenen Alter und dank der verbesserten Diagnosetechnik attestierten die Ärzte ihm die „Lahmannsche Krankheit“. Durch zu schnelles Wachstum während der körperlichen Belastungen der Lehr- und Gesellenzeit hatte sich die Wirbelsäule verformt. Starke Nervenschmerzen im ganzen Körper waren die Folge.

Bild oben: Pergola im Garten bei Ludwig Winter

Bild unten: Ausschnitt aus dem Palmengarten Ludwig Winters

Gründungsjahre

Nach seiner Rückkehr 1903 begann er mit dem Aufbau der ersten Gärtnerei auf dem Gelände des elterlichen Hauses in Berlin-Westend. Zu den Beweggründen äußerte sich Karl Foerster: „Meine Hinneigung zur Staudenwelt war durch das Land-

Karl Foersters erste Gärtnerei in Berlin-Westend

schaftserlebnis entstanden. Sie kam eigentlich aus einer Waldwiesenstaude zwischen Herbstzeitlosen, die im wundervoll fahlen Oktobersonnenschein standen. Die Stauden schienen mir in Landschaftsvordergründen Zünder für die feinsten Jahreszeit- und Landschaftserlebnisse und boten die augenscheinliche Möglichkeit, in die kahlen Böden der Gärten Teppiche zu rollen. Allmählich war das alles, verstärkt durch Beobachtungen in Gärtnereien, so deutlich Lebensprogramm geworden, daß nun auch praktisch mit einer kleinen Gärtnerei angefangen werden musste." [7] Nebenher widmete Foerster sich der Fotografie und der publizistischen Tätigkeit. 1906 wurde erstmals in der Zeitung „*Hamburgischer Correspondent*" die vierteilige Artikelserie „*Pan und Psyche*" abgedruckt. Ein Jahr später erschien der erste Fachartikel Foersters in der Zeitschrift „*Der Praktische Ratgeber*" mit dem Titel „*Eine Umfrage über das Lebensalter der Stauden*".

Zur gleichen Zeit gab die Firma Foerster ihren ersten Katalog heraus. Nur sieben Jahre nach der Gründung des Staudenbetriebs wurde die Fläche zu klein. So kam es, dass Karl Foerster 1910/11 in Bornim (im Nordwesten Potsdams) einen etwa 5.000 qm großen Kartoffelacker erwarb und dort einen Neuanfang wagte. Im Jahre 1911 erschien das erste Buch Foersters: „*Winterharte Blütenstauden und Sträucher der Neuzeit*" sowie der erste Pflanzenkatalog, der sogenannte „*Bornimer Wegweiser*". Es ergaben sich erste Aufträge für die Bepflanzung von Privatgärten von z.B. Peter Behrens (Architekt), Hermann Muthesius (Architekt, Autor, Theoretiker der modernen Architektur) und Karl Ernst Osthaus (Kunstmäzen, Förderer der Gartenstadt-Idee).

Im darauf folgenden Jahr wurden das Wohnhaus und die Gartenanlage mit verschiedenen Themenbereichen erstellt (siehe Seite 80). 1916 wurde Karl Foerster zum Kriegsdienst eingezogen. Aufgrund seiner Schwerhörigkeit kam er nicht an die Front. Stattdessen wurde er in Plaue an der Havel stationiert und musste dort Gärtnerarbeiten verrichten.

Nach seiner Rückkehr 1917 schrieb Foerster „*Vom Blütengarten der Zukunft*". Das Buch wurde mit 25.000 Exemplaren an Verwundete in den Lazaretten und die Soldaten in den Gefangenenlagern verschickt und erfreute sich großer Beliebtheit. Vielen Persönlichkeiten, die später engen Kontakt zu Karl Foerster pflegten, wie z.B. Christian Grunert, Heinrich Wiepking-Jürgensmann und Georg Pniower, ist Foerster durch dieses Buch erst bekannt geworden.

Ab 1920 gab Foerster zusammen mit Oskar Kühl, Camillo Schneider und zeitweise auch Harry Maasz die Zeitschrift „*Gartenschönheit*" heraus. Die Zeitschrift richtete sich an Gartenliebhaber und Fachleute gleichermaßen: „Wir Blumenzüchter sollten uns nicht in Fachkreisen, Fachzeitschriften und Gartenbauvereinen verkapseln, sondern in Wort und Bild Fühlung mit weiten Kreisen der Gebildeten suchen; wir verfallen sonst, um einen heiteren Fachvergleich zu brauchen, gewissermaßen in den Fehler gärtnerischer Inzucht." [8] Die Zeitschrift wurde ein großer Erfolg und erschien bis 1941. Sie fand auch international ein positives Echo. Nach Foersters Angaben erschien die Zeitschrift in rund 50 weiteren Ländern.

Die Gärtnerei in Bornim wird zu einem kulturellen Zentrum

Ebenfalls 1920 stellten sich die ersten züchterischen Erfolge ein: *Delphinium elatum* „Berghimmel" etablierte sich als eine der ersten bekannten Sorten Foersters. Von 1925 an schrieb Foerster auch Beiträge für die Zeitschrift „*Blumengärten für intelligente Faule*". 1927 heiratete Foerster die 28 Jahre jüngere Eva Hildebrandt. Sie gab für Karl Foerster ihre Karriere als Sängerin auf, veranstaltete jedoch in Bornim Hauskonzerte. Dadurch wurde die Gärtnerei in Bornim auch zu einem kulturellen Zentrum. Bekannte Musiker wie Wilhelm Kempff und Edwin Fischer waren regelmäßig Gäste.

Eva Foerster nahm ihrem Mann viele Arbeiten ab. Sie las seine Manuskripte Korrektur, erledigte die Korrespondenz, kümmerte sich um die zahlreichen Gäste und den Haushalt. Nach einer Einarbeitungszeit fiel auch die Staudengärtnerei in ihren Zuständigkeitsbereich. Sie schrieb Pflanzenlisten und verfasste die Bornimer Kataloge.

Heirat mit Eva Hildebrandt

Anfang der dreißiger Jahre gründete Foerster ein Planungsbüro in Bornim (siehe Seite 91). Er hielt Vorträge beim Rundfunk, seine Tochter Marianne wurde geboren und die ersten *Phlox-Paniculata*-Hybriden kamen in den Handel. Das Bornimer Büro gestaltete eine große Staudenanlage an einem Verwaltungsgebäude der IG-Farben in Frankfurt a. M. und wurde mit der Rekonstruktion des Parks von Schloss Marquardt bei Potsdam beauftragt. Trotzdem waren aufgrund der Weltwirtschaftskrise die finanziellen Sorgen groß. 1934 gewann die Arbeitsgemeinschaft einen Wettbewerb der „Jahresschau Garten und Haus" in München. Das gab dem Foerster-Betrieb Aufwind. Durch die Realisierung des Entwurfs war zunächst Arbeit vorhanden und der Wettbewerbsgewinn machte die Firma wesentlich bekannter. Daher wurde eine Zweigstelle in München gegründet, die Alfred und Dela Reich leiteten. Zwei Jahre später folgte eine Filialgründung in Königsberg, der Gottfried Kühn vorstand. Nur ein Jahr nach dem Wettbewerbsgewinn gab es mit der Sommerblumenschau am Berliner Funkturm einen weiteren Großauftrag.

Auf der Freundschaftsinsel in Berlin Potsdam verwirklicht Foerster seine Vorstellungen von einem öffentlichen Schau- und Sichtungsgarten (etwa 1939/1940 aufgenommen)

Es erschienen in loser Reihenfolge weitere Bücher Försters: *„Garten als Zauberschlüssel“* (1934), *„Der Steingarten der sieben Jahreszeiten“* (1936), *„Glücklich durchbrochenes Schweigen“* (1937), *„Blauer Schatz der Gärten“* (1940). 1938 entstand auf Anregung Karl Foersters ein öffentlicher Schau- und Sichtungsgarten auf der Freundschaftsinsel in Potsdam (siehe Seite 123). Die folgenden Jahre waren durch den Nationalsozialismus geprägt. 1940 trat Karl Foerster in die NSDAP ein. 1941 kam es zur „Gleichschaltung“ der Zeitschrift *„Gartenschönheit“*, die ab diesem Zeitpunkt als *„Gartenbau im Reich“* erschien. Aufgrund des Krieges kamen die Staudenproduktion und die Züchtung zum Erliegen. Ab 1943 wurde in Bornim nur noch Gemüse angebaut. Foerster klagte, dass ständig Arbeitskräfte aus seinem Betrieb abgezogen wurden: „Man muß unausgesetzt um Leute kämpfen, die genommen werden, obgleich ich doch Gemüse in Massen baue. Das Unkraut brandet an meine kostbarsten, wichtigsten Neuzüchtungen, und ich bin täglich hinterher, alles Unersetzbare zu schützen und durch den Zeitenstrudel zu leiten.“ [9]

Karl Foersters Stellung zum Nationalsozialismus ist umstritten

Karl Foersters Stellung zum Nationalsozialismus ist umstritten. Darüber wurde im Vorfeld der Karl-Foerster-Ausstellung diskutiert, die im Rahmen der Bundesgartenschau 2001 in Potsdam stattfand. Zur Ausstellung erschienen zwei Artikel, [10] in denen von nationalistischen und antisemitischen Äußerungen in einigen Schriften Foersters die Rede war, ohne sie im Wortlaut und im Zusammenhang mitzuteilen. Eine Beurteilung und Einordnung auf dieser Basis erscheint daher fragwürdig. Wissenschaftliche Arbeiten zu dieser Frage stehen bis heute nicht zur Verfügung. 1943 kommt Foersters Haltung in einem privaten Brief zum Ausdruck: „Wir sind alle mitschuldig durch unsere zu bequeme Gotteszuversicht. Wir „Stillen im Lande“ hätten glühend wach in die Radspeichen eingreifen müssen. Jetzt gehören wir zu den Trägern des stellvertretenden Leidens. Aber nicht einmal durch ein Signal wie das Buch ‚*Mein Kampf*‘ sind wir geweckt worden.“ [11]

Neuanfang nach 1945

Bereits im August 1945 beschlagnahmte die sowjetische Militär-Administration den Gartenbaubetrieb. Die Gärtnerei Foersters wurde zum „Züchtungs- und Forschungsbetrieb winterharter Blütenstauden“ erklärt. Foerster nahm die Züchtungsarbeit rasch wieder auf, da er einen Bestand von Mutterpflanzen rechtzeitig vor der Kriegszerstörung hatte schützen können. Für die Moskauer Akademie der Wissenschaften verfasste Foerster von 1946–1948 ein Manuskript mit dem Titel: *„Meine Lebensarbeit an den winterharten Stauden von 1912 bis 1946“*. Daraufhin erfolgten größere Pflanzenbestellungen für den Botanischen Garten Moskau. Drei Jahre nach Kriegsende bekam Foerster den Auftrag, den Goethe-Garten in Weimar zu restaurieren.

Seit 1949 lief der Staudenversand wieder an. Die Bornimer Staudengärtnerei war der einzige Staudenproduktionsbetrieb der DDR. Die Gärtnerei belieferte das ganze Land und durfte exportieren. Der Versandhandel florierte mit osteuropäischen Staaten, Westdeutschland und Österreich. Dass Karl Foerster eine Sonderstellung in der DDR einnahm, geht auch aus einer Äußerung Peter Altmanns hervor, der lange Zeit Gärtner bei Foerster und später Obergärtner auf der Freundschaftsinsel war. Er erinnert sich an ein Treffen des westdeutschen Vereins Deutscher Staudenfreunde, das in Bornim stattfinden durfte, obwohl keine Genehmigung durch den Staat vorlag: „Man muß bedenken, dass wir zu dieser Zeit in der DDR keine illega-

Foerster im 96. Lebensjahr

len Versammlungen oder Treffen veranstalten durften, auch wenn in Bornim bei Foerster, der als 'Aushängeschild' galt, gewisse Ausnahmen geduldet wurden, so doch auf keinen Fall woanders." [12] Ungeachtet seiner Privilegien wird der Betrieb 1959 in eine Kommanditgesellschaft mit staatlicher Beteiligung umgewandelt. Die letzten beiden Lebensjahrzehnte waren für Foerster sehr erfolgreiche Jahre. Er erhielt zahlreiche Ehrungen. So wird ihm z.B. die Ehrendoktorwürde der Humboldt Universität Berlin verliehen. Er wird zum Ehrenbürger der Stadt Potsdam ernannt. Bei seiner Züchtungsarbeit entstanden in den 50er- und 60er-Jahren neue *Aster-*, *Chrysanthemum-*, *Delphinium-*, *Phlox-*, *Helenium-*, *Helianthemum-*, *Papaver-*, *Lupinus-*, *Campanula-*, *Veronica-* und *Yucca-*Sorten.

Zahlreiche neue Bücher fanden in den letzten 20 Jahren seines Lebens ihren Weg in die Öffentlichkeit: „*Vom großen Welt- und Gartenspiel*" (1950), „*Neuer Glanz des Gartenjahres*" (1952), „*Reise doch – Bleibe doch*" (1953), „*Tröste mich – ich bin so glücklich*" (1954), „*Einzug der Gräser und Farne in den Garten*" (1957), „*Warnung und Ermutigung*" (1959), „*Ferien vom Ach*" (1962), „*Es wird durchgeblüht*" (1968).

Am 27. November 1970 starb Karl Foerster im Alter von 96 Jahren. Er wurde auf dem alten Bornimer Friedhof beigesetzt. Nach Foersters Tod wird aus der Kommanditgesellschaft ein staatlicher volkseigener Betrieb (VEB), „Bornimer Stauden-

Verkaufsbereich der heutigen Karl-Foerster-Gärtnerei

kulturen". 1972 erfolgte dann die Umstrukturierung in ein volkseigenes Gut (VEG). Die Gärtnerei erhält auch nach dem Tod Karl Foersters viele Auszeichnungen und wird Mitte der 80er-Jahre ehrenhalber wieder nach dem Gründer benannt.

Nach der Wiedervereinigung 1990 brach der Betrieb wirtschaftlich zusammen. Mehrere Versuche ihn neu aufzubauen scheiterten. 1993 erfolgte eine Neugründung durch Wolfgang Härtel, einen ehemaligen Mitarbeiter, Gerd Berthe und Foersters Tochter Marianne. Das Unternehmen firmiert unter „Foerster-Stauden GmbH". Heute ist der Betrieb wieder ein überregional anerkannter Staudenlieferant und ein beliebtes Ausflugsziel für Staudenliebhaber. Dabei hat es sich der Betrieb zur Aufgabe gemacht, auch alte Foerster-Sorten zusammenzutragen, sie auf Echtheit zu prüfen, zu sichten und, falls sie den heutigen Anforderungen noch entsprechen, wieder in das Sortiment aufzunehmen.

Prägende Vorbilder

Seine berufliche Entwicklung hat Foerster auch Einflüssen aus England und Japan zu verdanken. Über England schrieb er: „Kein Land, in dem die Gärtnerei in höherem Maße von den Interessen und Liebhabereien des Gartenfreundes ausgegangen ist als England, und keines, in dem der gärtnerische Beruf wirtschaftlich und gesellschaftlich auf höherer Stufe steht [...]." [13] Eine besondere Faszination empfand Foerster gegenüber der japanischen Gartenkultur. Er bezeichnete Japan als das „Urland" der natürlichen Gartengestaltung und als „künstlerische Urheimat des Menschen". [14] Er bewunderte das Schönheitsverständnis der Japaner und sah dieses als Vorbild für die europäische Gartenkunst: „Wir treten in ein Zeitalter ein, in dem wir nun auch im europäischen Gartenleben den geheimen Geselligkeitsbedürfnissen der Pflanzen im Garten nachgehen und nachgeben. Das ferne Ostasien ist hierin so weit voraus, dass Malerei und Farbenholzschnitt sich dieser Kontrapunktik schon traditionell bemächtigen, denn jene uralten Fernostkulturen sind uns ja überhaupt in der optischen Welt vielfach so überlegen, wie wir es ihnen in der Welt der Töne sind. Diesen Überlegenheiten jener fernen Menschenbrüder danken wir schon mehr, als wir irgend ahnen."[15] In einem Interview äußerte sich Foerster dahingehend, dass sein ganzes Leben im Grunde eine verhaltene Reise nach Japan gewesen sei. Er bewunderte japanische Gartengestalter, nannte jedoch keine Namen. Anders verhält es sich mit England. Hier nannte Foerster ausdrücklich William Robinson und Gertrude Jekyll als Vorbilder.

William Robinson (1835–1935) schrieb Artikel für Zeitschriften wie z.B. „*Gardner´s Chronicle*“ und „*The Times*“. Als Korrespondent unternahm er Reisen durch Europa und Amerika. 1871 gründete er ein eigenes Gartenjournal „*The Garden*“ und veröffentlichte weiterhin Artikel für andere Gartenzeitschriften. Außerdem schrieb er Bücher mit gartentheoretischem Hintergrund, unter anderem: „*The Wild Garden*“ (1870), „*The Subtropical Garden*“ (1871), „*The English Flower Garden*“ (1883), „*Garden Design and Architect´s Gardens*“ (1892). Robinson gilt als einer der ersten Protagonisten des naturnahen Gartens. In seinem Buch „*The Wild Garden*“ teilt er erstmalig seine Vorstellungen zu diesem Thema mit. Robinson wollte einen blumenreichen Garten „*as if Nature had planted*“. Sein „*wild Garden*“ sollte nicht nur aus einheimischen Pflanzen bestehen, sondern fremdländische Pflanzen sollten zu einer Steigerung der Vielfalt und Schönheit des Gartens beitragen. Robuste und winterharte Pflanzen sollten sich in den Gärten möglichst selbst erhalten und verwildern. Karl Foerster entwickelte ähnliche Vorstellungen einer naturnahen Gartengestaltung, die er „Wildnisgartenkunst“ nannte. „Wir bleiben hier nicht nur beim bloßen Kopieren der heimischen Natur stehen, sondern arbeiten auch mit der Natur fremder Länder, soweit sie organisch in unsere Naturgartenpartien einzuschmelzen ist. Wir wählen für Naturgartenteile lauter Gewächse, die völlig den Charakter von Wildpflanzen besitzen, aber dennoch aus unseren Züchtereien stammen und an Dienstbereitschaft und vor allem an Ausdauer die wirklichen Wildpflanzen übertreffen.“ [16] Ein Unterschied zwischen Robinsons und Foersters Auffassung bestand darin, dass Foerster Verbesserungen aus Züchtungen in sein Konzept mit einbezog, während bei Robinson Züchtungen keine Rolle spielten. Robinson beschränkte sich auf die Auswahl von „Ornamental Kinds“ aus den Wildfloren. Er suchte in der freien Natur schöne, zierende Pflanzenarten.

Foerster findet Vorbilder für seine „Wildnisgartenkunst“

Neben Robinson beeinflusste Gertrude Jekyll Foerster. Gertrude Jekyll (1843–1932) gilt als eine der bekanntesten Gestalterinnen der Arts-and-Crafts-Bewegung. Sie hat über ihr Kunststudium an der School of Art in London zur Gartenkunst gefunden. Die Autodidaktin wurde von Robinsons Vorstellungen zur Gartengestaltung inspiriert. 1875 lernten sich Robinson und Jekyll kennen. Eine Freundschaft entwickelte sich, die beide bereicherte. Robinson lernte von Jekyll einen subtileren Umgang mit Farben. Jekyll wiederum profitierte von dem reichen gärtnerischen Wissensschatz Robinsons. Jekyll verfasste zahlreiche Artikel in der Gartenzeitschrift Robinsons und schrieb ein Kapitel über Farbe in dem Buch „*English Flower Garden*“, das Robinson 1883 veröffentlichte. Gertrude Jekyll spielte in der Gartengestaltung der damaligen Zeit eine bedeutende Rolle. Ihr Werk ist umfangreich: Sie gestaltete über 400 Gärten und schrieb 13 Bücher. Dazu gehören Titel wie „*Wood and Garden*“ (1899) [17]; „*Home and Garden*“ (1900), „*Some English Gardens*“ (1904), „*Colour Schemes for the Flower Garten*“ (1908). [18] Sie beeinflusste viele bekannte Gartengestalterinnen, darunter Ellen Willmott, Beatrix Farrand und Vita Sackville-West.

Auch deutsche Gartengestalter haben in Foersters Werdegang eine Rolle gespielt. An erster Stelle ist Berthold Körting zu nennen. Mit Berthold Körting hat Foerster in den ersten Jahren seiner Selbstständigkeit zusammengearbeitet. In einem in der „*Gartenschönheit*“ veröffentlichten Nachruf beschreibt Foerster Körting als Wegbereiter der

Gartenkunst, der es als einer der ersten Gartengestalter verstanden habe, naturnahe und architektonische Elemente zu verbinden, Barrieren zwischen Garten und Landschaft aufzuheben und auch Gärten auf kleinstem Raum attraktiv zu gestalten. Ferner ist Willy Lange zu nennen. Er unterrichtete von 1903–1915 als Lehrer an

Sandnaturgarten Berthold Körtings

der „Staatlichen Lehranstalt für Obst-und Gartenbau" in Berlin, die zu der Zeit eine der führenden Schulen für Gartenarchitekten war. Lange entwickelte ein ähnliches Konzept zur Gartengestaltung wie William Robinson. Er wollte im Garten Pflanzen verwenden, die in die Landschaftsphysiognomie hineinpassen und fremde Pflanzen zur „Steigerung der Natur" in den Garten einfügen. Willy Lange gab Foersters erstes Buch *„Winterharte Blütenstauden und Sträucher der Neuzeit"* heraus und schrieb auch das Vorwort. In Foersters Buch „*Vom Blütengarten der Zukunft*“ wies Foerster Langes Gärten als empfehlenswerte Beispiele für naturnahe Gärten aus, wobei er sogar ein Bild aus dessen Privatgarten verwandte. Außerdem empfahl er Langes Buch „*Gartengestaltung der Neuzeit*“. Lange soll an der Erstellung des Senkgartens in Bornim beteiligt gewesen sein.

Botanischer Garten Berlin-Dahlem

Auch ein Fachbuch, das „*Jahrbuch der Natur*“ von Dr. Karl Ruß, macht Foerster als wichtigen Einfluss geltend. Er äußerte dazu: „Da habe ich meine ersten Erkenntnisse über die Zusammenhänge in der Natur und im Ganzen draus bekommen. Im Übrigen gelernt, was Ordnung heißt und wie die Jahreszeiten sich die Hände reichen und wie eine Jahreszeit noch ihre Bekanntschaft machen kann mit einer, die eigentlich schon gar nicht mehr da sein dürfte!“ [19] Einige führende botanische Gärten der damaligen Zeit besuchte Foerster häufiger. Aus dem Botanischen Garten in Berlin-Dahlem hat er sich Anregungen für den naturnahen Garten geholt. In Foersters frühen Büchern tauchen mehrfach Bilder aus dem Dahlemer Garten auf. Der Botanische Garten in Berlin war der erste Botanische Garten, der die Pflanzen aufgrund von pflanzengeographischer und standortgenossenschaftlicher Grundlage zusammenstellte. Über den botanischen Garten in München-Nymphenburg schrieb Foerster mehrfach in der „*Gartenschönheit*“. Dort entdeckte er viele neue Pflanzen, vor allem für den Schatten-, aber auch für den Steingarten (siehe Seite 112).

Sehr eindrücklich muss für Foerster ferner der Park Pruhonitz [Průhonice] in der Nähe von Prag gewesen sein. Eine Studienfahrt dorthin beschrieb Foerster in der „*Gartenschönheit*“ als einen der interessantesten Tage seines Lebens: „Pruhonitz ist einer der großen Namen in der Geschichte des Gartenwesens, [...]. Hier liegt der Kristallisations-Mittelpunkt der österreichisch-[ungarischen] dendrologischen Gesellschaft, der Ausgangspunkt einer Gartenbewegung und einer bildbelebten Gartenliteratur, die weit über die Grenzen des alten Österreichs hinaus von einer gar nicht abzusehenden Bedeutung ward. Auch liegt hier die neu belebte Gärtnerei jener Gesellschaft, von der so viele neue Pflanzen ihren Weg in weit entfernte Gärten nahmen und nehmen werden.“ [20] Den Steingarten des Parks hat Foerster mit besonderem Interesse beobachtet: „Da es bei den Größenverhältnissen dieses Steingartens für viele seiner Teile Grenzen der Pflege und Unkrautvertilgung gab, so waren hier gute Gelegenheiten für Beobachtung des Gleichgewichtskampfes der Pflanzen miteinander geboten. Dies lieferte wiederum bedeutsame Grundlagen für ein zielbewußtes Verwildernlassen so mancher Pflanzen, mit denen man bisher im Garten und Park noch viel zu ängstlich umgeht“. [21]

Der Besitzer der Parkanlage Ernst Arnošt Emanuel Graf von Silva-Tarouca war Gründungsmitglied der Österreichisch-ungarischen dendrologischen Gesellschaft und stellte der Vereinigung seinen Park als Garten zur Einführung neuer Pflanzen zur Verfügung. Der Garten beherbergte viele neu entdeckte Pflanzen, besonders im Alpinum, das auf einem großen natürlichen Fels angelegt worden war.

Freunde und Mitarbeiter

„Freundschaft ist ein Zauberland wie die Liebe und ebenso reich an Überraschungen ohne Ende.“ [22]

BORNIMER KREIS

Die Karl-Foerster-Stiftung zählt heute folgende Persönlichkeiten zum „Bornimer Kreis“ [23]:

Otto Bartning – Architekt. 1926–1930 Direktor der Hochschule für Handwerk und Baukunst in Weimar. 1955–1959 städtebaulicher Berater in Berlin-West. Arbeitsschwerpunkt im Bereich des protestantischen Kirchenbaus.

Edwin Fischer – Schweizer, Pianist und Dirigent.

Walter Funcke – Landschaftsarchitekt. 1929 Gartenbautechniker bei der Arbeitsgemeinschaft Foerster-Mattern-Hammerbacher. 1935–1943 selbstständig mit Mattern in Potsdam. Ab 1974 Mitarbeit an der Rekonstruktion der Freundschaftsinsel. [24]

Wilhelm Furtwängler – Dirigent und Komponist. Er leitete die Berliner Philharmoniker, 1931 die Bayreuther Festspiele und wurde 1933 Direktor der Berliner Staatsoper.

Hermann Göritz – Landschaftsarchitekt. 1929–1932 Mitarbeiter und 1935–1943 freier Mitarbeiter im Büro Foerster-Mattern-Hammerbacher; Landschaftsanwalt für die Reichsautobahn; Einsatz bei der Organisation Todt. 1945–1948 Leiter der Karl Foerster Gartenausführung KG in Bornim. Einziger freischaffender Gartenarchitekt der DDR. Plante viele Hausgärten und Grünanlagen, zahlreiche gartendenkmalpflegerische Arbeiten und landschaftliche Grundsatzplanungen legte er vor. Über Jahrzehnte an dem Wiederaufbau der Freundschaftsinsel beteiligt. [25]

Karl Heinz Hanisch – Gärtner und Schriftsteller. 1951 Begründer der Zeitschrift *„Pflanze und Garten“*, die er bis 1969 leitete. Pressechef bei vielen Gartenschauen nach dem Krieg. Seit 1976 Chefredakteur und 1976–1987 Mitherausgeber der Zeitschrift *„Mein Schöner Garten“*. [26]

Berthold Körting – Architekt, Gartenarchitekt und Keramiker für Gartengefäße und -plastiken. Gründer der Oranienburger Werkstätten (keramische Industrie). Gartengestalter mit internationalem Einfluss. Sein bevorzugtes Gestaltungsmotiv war die pflegeleichte „Staudensteppe“. Veröffentlichte zwischen 1922 und 1930 mehrere Artikel in der *„Gartenschönheit“* und *„Gartenkunst“*. [27]

Wilhelm Kempff – Pianist und Komponist. Interpret der deutschen Klassik und Romantik, schrieb Sinfonien, Chor- und Kammermusik.

Prof. Dr. Richard Hansen – Gärtner und Pflanzensoziologe. Gärtner bei Foerster. Hochschulstudium. Wissenschaftliche Assistenz bei Reinhard Tüxen. 1948 Neugründung des „Instituts für Stauden, Gehölze und angewandte Pflanzensoziologie“ sowie des Sichtungsgartens Weihenstephan. 1949 Aufnahme der Lehrtätigkeit an der TH-München-Weihenstephan. 1952 Gründung der „Arbeitsgemeinschaft Selektion und Züchtung der Blütenstauden“. Zahlreiche Veröffentlichungen und Vorträge zum öffentlichen Grün. 1981 erschien sein Hauptwerk *„Die Stauden und ihre Lebensbereiche“*. [28]

Gottfried Kühn – Landschaftsarchitekt. 1930–1931 Lehre bei Foerster. 1936–1938 Leiter eines Filialbüros Foersters. Unterschiedliche landschaftsgestalterische Arbeiten, z.B. Gesamtgrünplanung der Universität Köln. Viele Preise bei Bundesgartenschauen. [29]

Hans Poelzig – Architekt, Maler, Szenograf und Professor für Architektur: 1919–1921 Vorsitzender des Deutschen Werkbundes. Gehörte zu den Hauptvertretern der expressionistischen Architektur. Unter anderem Bau des großen Schauspielhauses in Berlin 1918.

Alfred Reich – Landschaftsarchitekt. 1931–1934 Gärtner in der Planungsabteilung der Firma Foerster. 1934–1940 Bauleiter für Mattern und Hammerbacher, Leitung einer neuen Zweigstelle des Gartenausführungsbetriebes in München. 1947–1949 Schriftleitung der Zeitschrift *„Garten und Landschaft“*. Ab 1950 selbstständiger Gartenarchitekt. Plante Hausgärten und Grünanlagen. [30]

Hans Bernhard Scharoun – Architekt. Vertreter des „Neuen Bauens“, Planung der Berliner Philharmonie und weiterer für die Architekturgeschichte bedeutender Museen, Theater-, Schul- und Bibliotheksbauten.

Esther Bartning – Malerin
Ludwig Bartning – Maler
Karla Hoecker – Schriftstellerin
Edwin Redslob – Kunsthistoriker
Sigward Sprotte – Maler
Werner Stichnote – Verleger

Zu Foersters herausragenden Fähigkeiten gehörte es, Menschen zu begeistern und sie für seine Sache einzunehmen. Dies galt nicht nur für Fachkollegen, sondern auch für Künstler und Persönlichkeiten des öffentlichen Lebens. Der Personenkreis, der sich dabei um Foerster bildete, wird als „Bornimer Kreis" bezeichnet. Er umfasste eine Gruppe von Menschen, die in den 20er- und 30er-Jahren des vergangenen Jahrhunderts mit Foerster befreundet waren oder eng mit ihm zusammenarbeiteten. Man traf sich in unregelmäßigen Abständen im Hause Foersters zum Gedankenaustausch. Die „Bornimer Arbeitsgemeinschaft" mit Hermann Mat-

WEITERE FREUNDE UND MITARBEITER FOERSTERS

Der Bornimer Kreis ist schwer einzugrenzen. In den Aufzählungen der Karl-Foerster-Stiftung (siehe Seite 19) fehlen viele Persönlichkeiten, die im Zusammenhang mit Foersters Lebenswerk auch genannt werden sollten:

Peter Altmann – Gärtner. Arbeitete nach dem Krieg bei Foerster. Ab 1955 verantwortlich für die Neubepflanzung der Freundschaftsinsel, später Gärtnermeister („Der Inselgärtner"). 1994 Überarbeitung des Foerster-Werkes *„Lebende Gartentabellen"*. Bekannter Privatgarten in Caputh (Schwielowsee, bei Potsdam).

Paul Bolz – Meister in Foersters Gärtnerei. Engster Mitarbeiter (in den späten Jahren), war an allen Züchtungen und Entwicklungen nach dem Zweiten Weltkrieg beteiligt. [31]

Adolf Haag – Gartenarchitekt. Ausbildung an der Lehr-und Forschungsanstalt Berlin-Dahlem. Arbeit als Landschaftsanwalt, Oberbaurat (OBR) in Stuttgart bis 1940. Von 1949–1966 freier Gartenarchitekt in Stuttgart. [32]

Heinz Hagemann – Gärtner. 1928–1929 Gehilfe in der Bornimer Gärtnerei. 1931–1933 Leiter der Vermehrungsabteilung. 1934–1943 Obergärtner und praktischer Leiter des Gesamtbetriebs. Dann eigene bekannte Staudengärtnerei in Krähenwinkel bei Hannover. Mitbegründer der Internationalen Staudenunion (ISU). [33]

Beate Maltusch-Mattern – Fotografin. Arbeitete 1929 für Foersters Betrieb. Fotos für Bücher, Kataloge, die *„Gartenschönheit"* und andere Zeitschriften. 1930–1939 freie Zusammenarbeit mit Foerster, Mattern und Hammerbacher. Dann als frei schaffende Fotografin in Süddeutschland tätig. [34]

Ernst Pagels – Züchter, Gärtner, Landschaftsarchitekt. 1937–1939 Arbeit bei Karl Foerster. Später eigene Staudengärtnerei und Arbeit als Gartenarchitekt. Gilt neben Karl Foerster und Konrad Arends als einer der bedeutendsten Staudenzüchter des 20. Jahrhunderts. [35]

Alexander Steffen – Gartendirektor. Lehre zusammen mit Karl Foerster in Schwerin, Redakteur bei der Zeitschrift *„Praktischer Ratgeber für Obst- und Gartenbau"* in Frankfurt an der Oder, später Leiter der Redaktion. Gartendirektor der staatlichen Versuchs- und Beispielgärtnerei Pillnitz bei Dresden von 1922–1936. Veröffentlichung mehrerer Bücher. [36]

Ulrich Wolf – Garten- und Landschaftsarchitekt. Garteninspektor in Frankfurt am Main von 1927–1930. Städtebauliche Projekte in Moskau 1930–1932. Arbeiten in der Schweiz und Schlesien, Leiter des Instituts für Garten- und Landschaftsgestaltung an der Staatlichen Lehr- und Forschungsanstalt in Weihenstephan. 1945–1953, Leiter des Garten-, Friedhofs- und Forstamts der Stadt Düsseldorf. [37]

tern und Herta Hammerbacher (siehe Seite 91) sowie Foersters Frau Eva bildeten den Kern des Kreises. Der Begriff „Bornimer Kreis“ wurde wahrscheinlich 1985 erstmals öffentlich im Rahmen der Bundesgartenschau verwandt.

Weltbild

Karl Foersters Werk ist stark durch seine pantheistische Weltsicht geprägt. Sowohl seine Eltern als auch seine Vorbilder, Goethe und Humboldt, waren Anhänger dieser Weltanschauung. Die pantheistische Weltsicht (griechisch pan = alles, ganz; theós = Gott) nimmt die Gottheit bzw. „das Göttliche“ in allen Erscheinungen der Welt (Allgottglaube) wahr. Demnach ist alles in der Welt „von Gott erfüllt“ (schwacher Pantheismus) oder gleichbedeutend mit Gott (starker Pantheismus). Pantheisten der zweiten Richtung erkennen nicht den persönlichen oder einen personifizierten Gott an, sondern fassen die Welt, vom Makro- bis zum Mikrokosmos, als „göttlich“ auf. Die damals aufkeimenden Erkenntnisse der Naturwissenschaft über die unvorstellbare Größe des Universums und die Biologie der Lebewesen geben Ehrfurcht und Erstaunen gegenüber allem Natürlichen Raum. Oft bringen Pantheisten der Natur besonderen Respekt entgegen. Sie setzen sich deswegen für die Natur ein, die ihnen schützenswert erscheint, und deren Vielfalt es zu bewahren gilt.

In Deutschland wurde Anfang des 19. Jahrhunderts eine besondere Strömung des Monismus populär. Die Bewegung formiert sich zunächst um das Werk und die Person Ernst Haeckels, der als Arzt und Professor für vergleichende Anatomie in Jena arbeitete. Haeckel trug zur Verbreitung des Darwinismus in Deutschland bei und veröffentlichte eigene Ausführungen zur Evolutionstheorie. Es gelang ihm Menschen für seine persönliche Weltsicht, die monistische Naturphilosophie, zu begeistern. Seine Bestrebungen gipfelten 1906 in der Gründung des Deutschen Monistenbundes.

Foerster als Kind seiner Zeit

Im Gegensatz zu der dominierenden Strömung des Monismus, dem reinen Materialismus und Physikalismus, demnach alles Materie ist und deswegen nur physikalische oder materielle Objekte als real bezeichnet werden können, propagierte Haeckel auf Basis der Naturwissenschaften einen Entwicklungsmonismus. Dieser stand dem Pantheismus nicht entgegen, der auch – aufgrund von Vorbildern wie Humboldt und Goethe – in der Bevölkerung verbreitet war.

Haeckels Grundlage für diese monistische Naturphilosophie war die Annahme, dass alle Materie durchgeistigt und Gott identisch mit den Naturgesetzen ist. Dies entspricht in den Grundzügen einer pantheistischen Weltsicht, welche die (göttliche) Natur als ein sich selbst gestaltendes Wesen betrachtet. Bis in die 30er-Jahre des 20. Jahrhunderts faszinierte diese Spielart des Monismus zahlreiche Intellektuelle, Wissenschaftler und Künstler. Auch Foerster war ein Anhänger der Bewegung und Mitglied des Monistenbundes in Deutschland. Der Monistenbund versammelte Vertreter der unterschiedlichsten Strömungen und Disziplinen, darunter Wilhelm Ostwald (Chemiker und Nobelpreisträger, später Vorsitzender des Bundes), Carl von Ossietzky (Journalist und Friedensnobelpreisträger), August Bebel (Mitbegründer der sozialdemokratischen Arbeiterbewegung), Henry van de Velde (Baumeister und Kunstgewerbler) sowie zahlreiche Wissenschaftler der jungen aufstrebenden Wissenschaften, wie Elektrotechnik, Biologie, Psychologie und Neurologie, aber auch Vertreter von Pädagogik und Soziologie.

Karl Foerster beschreibt seine monistisch-pantheistische Weltsicht so: „Naturnähe ist Himmelsnähe. Nichtgeist kann sich nicht Geist erschaffen, sagt uns unser Geist. Kern unserer Naturfreude ist also das beständige Gefühl eines mit der Natur eng verbundenen, überweltlichen, abenteuerlichen Geistes [...]. Es ist so eingerichtet, daß wir fortwährend an den Geheimnissen der Natur rütteln müssen, um nach geheimnisvollem Plan so tief in diese Rätsel einzudringen, als für uns und unsere Riesenaufgaben nötig ist [...]. Wir fühlen uns durch innerste Kraft eingesetzt durch die Ehrfurcht vor der Urmacht; wir leben unsere Tage und Stunden dahin in einer Wechselrede mit dem Himmel, pantheistischen Herzens bis in jede Herzfaser hinein." [38] Für Foerster sind Natur, Gott und Geist gleichbedeutend, sie bilden eine Einheit. In der Natur verbirgt sich ein „göttlicher Plan", den es zu erkennen gilt, um ihn fortführen und entwickeln zu können.

Wie die Monisten sieht Foerster sich am Anfang eines Prozesses, der vom Menschen aktiv gestaltet werden muss: „Wir glauben selbstverständlich an eine unausdenkbare, heilvolle Zukunft der Menschheit, [...],– rechnen aber natürlich damit,

Foerster in „seiner Natur"

daß noch die entsprechend geraumen, etwas stürmischen Perioden zu durchleben sein werden, [...], ehe von jener Zukunft die Rede sein kann; – doch werden dem Reifen der Geistes- und Seelenwelt auch unermessene neue Gnaden aus dem Reich der Naturbemeisterung zu Hilfe kommen. Was aber auch der göttliche Heilsplan jetzt oder dereinst mit den Erdendingen vorhaben mag, – so dient es unserer Bestimmung, uns in ihm geborgen zu wissen." [39] Wenn die Natur Vorbild und Ausgangspunkt bleibt, meint Foerster, dann kann technischer Fortschritt weiterführen und zu einer Höherentwicklung der Gesellschaft beitragen. Mit dieser Sichtweise befindet er sich in Übereinstimmung mit der Geschichtsphilosophie Herders. Nach Herder wurzelt menschenwürdige Kultur im Wechselspiel der Anpassung an die gegebenen natürlichen Bedingungen und der Loslösung von Naturzwängen.

Für Foerster ist die Natur Vorbild und Ausgangspunkt

Dieser Prozess der Kulturentwicklung ist nach Herder abhängig vom spezifischen Charakter eines Volkes und von den besonderen Bedingungen des jeweiligen Lebensraumes. [40] Jede Kultur weist demnach eine bestimmte Eigenart auf. Foerster äußert sich: „Jede Nation, ob groß oder klein, besitzt ihre eigentümlichen und besonderen Merkmale, ihre besondere Natur, die nur ihr gehört und anderen Nationen fehlt. [...]. Auch vielartige Völkermischungen, wie diejenigen waren, aus denen etwa die USA oder Deutschland oder Italien hervorgingen, haben immer wieder zu völlig eigenartigen, unvergleichlichen Völkerpersönlichkeiten geführt, deren Eigenart durch immer neue Entwicklungen geht und gehen wird." [41] Bei Herder ist Eigenart das, was sich in Schönheit ausdrückt. Schönheit aber entsteht durch Weiterentwicklung und Vervollkommnung und ist ein Gradmesser für den Entwicklungsstand einer Kultur.

Schönheit ist als Schöpfung Gottes in der Natur bereits vorhanden, das heißt heimisch, oder entsteht bei der Weiterentwicklung der Kultur. Anregungen von außen sollten aufgenommen werden, müssen aber integriert werden, um heimisch zu werden. Heimatgefühl ist mit Eigenart und Schönheit verbunden. Foersters Schönheitsbegriff hat eine romantische Wurzel und kommt in alltäglichen Leben zum Tragen. Er schreibt 1934: „Wir brauchen Schönheit als tägliches Seelenbrot, wie der Leib das Gräserbrot: [...] möglichst schöne Umgebung bestimmt auch in hohem Maße die Form, in der wir leiden: In den noch hässlichen Winkeln unseres Wohnbereiches lauert Entmutigung; [...]. Nur der Schönheitskultus rückt weltliche und himmlische Dinge in ihre wahren Zusammenhänge. [...]. Wo zu wenig Schönheit, da ist Streit!" [42]

Als Gartengestalter und Züchter ist es Foerster immer darum gegangen, im Sinne Herders Schönheit wahrzunehmen und zu entfalten. Er wollte die vorhandene Schönheit der Pflanzen zur Geltung und stärker zum Ausdruck bringen: „Wir wollen im Garten mit allen Mitteln beides pflegen: Heimatgefühl mit unserer Vegetation und auf der anderen Seite weltumfassende echte Einpassung schöner Fremde, die das Zeug dazu hat, in unseren Gärten bodenständig zu werden.“ [43]

Unter dem Oberbegriff „bodenständige Gartenkunst“ fand Ende der zwanziger Jahre bis Anfang der vierziger Jahre unter deutschen Landschaftsarchitekten eine Diskussion statt, an der sich auch Foerster beteiligte. Es ging um die Frage, wie weit man fremdländische Pflanzen in Gärten, Parks und der freien Landschaft verwenden sollte.

Bodenständige Gartenkunst

„Denke niemals bloß. Wie seltsam! Gerade das anfangs Abgelehnte, Befremdliche wird das Ausweitende, Ureigenste! Solche Kraft ward vielen auf den ersten Anblick befremdlichen Gewächsen.“ [44]

Karl Foerster benutzte den Ausdruck „bodenständig“ schon lange bevor eine Diskussion darüber in Deutschland einsetzte. So lautet die Überschrift im ersten Katalog seiner Gärtnerei von 1907: „Dauerhaft bodenständiger Blumenschmuck für sonnige und schattige Gärten. Anpassung der Gartenblumen an unser Klima, an mannigfachste Eigenart und 'Ungunst' des Standortes.“ [45] Hier bedeutet „bodenständig“: gezüchtet im Hinblick auf die besonderen klimatischen und örtlichen Bedingungen. In heutigen Publikationen wird der Begriff Bodenständigkeit häufig pauschal mit nationalsozialistischer Ideologie in Verbindung gebracht und mit der Ablehnung fremdländischer Pflanzen gleichgesetzt: „In der Propaganda für den Deutschen Garten spielte der Begriff Bodenständigkeit immer wieder eine zentrale Rolle. Man forderte heimische Pflanzen und lehnte fremdländische kategorisch ab.“ [46]

Foersters weltoffene Gartensicht wird oft vereinfachend in reinem Gegensatz dazu gesehen. Um ein differenzierteres Bild von „bodenständiger Gartenkunst“ zu erhalten, erscheint es sinnvoll, die Ansichten Alwin Seiferts, eines führenden Gartenarchitekten jener Zeit, mit den Vorstellungen Karl Foersters zu vergleichen. Seifert war nachweislich ein fanatischer

„Bodenständige“ Pflanzung im Sinne Foersters

Garten der Familie A. in Groß-Glienicke. „Bodenständige" Gartenplanung im Sinne Foersters

Nationalsozialist. Seine Artikel [47] über „bodenständige Gartenkunst" haben die Diskussion in Deutschland vor und nach dem Krieg erst in Gang gesetzt. Er galt deshalb als Protagonist dieser Richtung.

Alwin Seifert unterschied bei der Verwendung von einheimischen und fremdländischen Pflanzen zwischen einer Bepflanzung im Garten und zwischen der Pflanzung in der freien Landschaft. Ein Garten, so Seifert, sei ein „ursprünglich mit Gerten aus der Landschaft abgegrenzter Raum, wobei die Abgrenzung das Entscheidende ist, nicht der Inhalt." [48] Historisch gesehen, sagte Seifert, beherbergten die ersten Gärten grundsätzlich nur fremde Pflanzen. Zum Beispiel bauten die „Pfahlbauern" in der Jungsteinzeit Mohn, Erbsen und Linsen an. Ebenso hätten die frühmittelalterlichen Krautgärten des Rheinlands und die mittelalterlichen Kräutergärten nur eingeführte Pflanzen genutzt. Wenn inzwischen zwar auch einheimische Pflanzen im Garten Verwendung fänden, ändere dies nichts am Garten als Ort für wertvolle, fremde Pflanzen. [49]

Grundsätzlich hatte Seifert demnach nichts gegen fremdländische Pflanzen im Garten einzuwenden. Im Gegenteil, er vertrat sogar den Standpunkt, dass sie zur Definition des Gartens dazugehörten. Dennoch war er nicht der Ansicht, dass alle fremden Pflanzen im Garten angepflanzt werden sollten, sondern nur Pflanzen, die „bodenständig" seien. Den Begriff „Bodenständigkeit" definierte Seifert dabei folgendermaßen: „Bodenständig ist im Garten jede fremde und jede einheimische Pflanze, die das volle Maß ihrer Schönheit erreicht und mit ihrer engeren und weiteren Umgebung in künstlerischer und biologischer Harmonie steht." [50]

Wenn es um die Gestaltung von Gärten geht, stimmen Seifert und Foerster grundsätzlich überein. Beide sind der Meinung, dass einheimische und fremde Pflanzen in den Garten gehören. Sie müssen jedoch am Standort optimal gedeihen und in

Wegweiser zur Gärtnerei Foersters

das Landschaftsbild hineinpassen. In seinem Konzept des naturnahen Gartens kam Foerster der Auffassung Seiferts von bodenständiger Gartenkunst nah, wenn er Wildpflanzen züchterisch entwickelte und organisch in die Natur eingliederte (siehe Seite 16). Foerster wies wie Seifert daraufhin, dass von alters her fremdländische Pflanzen in heimischen Gärten angesiedelt worden wären: „Den Leuten, die auf Gartengebieten Überfremdung fürchten, sind eben die Grundtatsachen der Pflanzenwelt fremd. Sie wissen nicht, dass neun Zehntel aller Dinge in Natur, Garten und Feld – die ihr innerstes Heimatgefühl bewegen – ihren Ursprung in unermessener Ferne und Fremde der Erde haben und dass auch selbst die alteinheimischen Kräuter und Gehölze des wilden Germaniens nicht nur zum deutschen Gott beten, sondern mit tausendfach breiterem Fuß auf Erden stehen.“ [51]

Sowohl Seifert wie auch Foerster beschäftigten sich damit, wie Pflanzen standortgerecht eingesetzt werden und einen wirtschaftlichen Garten erschaffen können. Deshalb wollte Seifert „Normenlisten“ von Pflanzen für gewisse Klimatypen und Böden aufstellen, um so die Pflanzen herauszufiltern, die am besten gedeihen. Foerster verfolgte ähnliche Absichten, wenn er im Zusammenhang mit seinem Konzept vom „pflegeleichten Garten“ Pflanzenlisten veröffentlichte (siehe Seite 66). Seifert vertrat die Ansicht, es schütze vor Verlusten im Garten, sich nach seinen „Normenlisten“ zu richten, man müsse sie jedoch noch unter künstlerischen Gesichtspunkten filtern. Um einen harmonischen Gesamteindruck zu erreichen, will er die Pflanzenauswahl begrenzen: „Oberster Grundsatz ist das Streben nach künstlerischer Einheit des Gartens mit seiner Umgebung und nach Sparsamkeit mit Mitteln und Motiven in ihm selbst als den unerläßlichen Voraussetzungen für Harmonie des Kunstwerks.“ [52] Nicht nur aus Gründen der Produktivität, sondern auch um einen harmonischen Gesamteindruck des Gartens zu erreichen, hielt Seifert eine Begrenzung der Pflanzenauswahl für sinnvoll: „Ein Staudenbeet mit 100 Sorten ist für den Hausgebrauch reichhaltig genug; 20 Arten Gehölze dazu sind dann gerade noch unterzubringen. Wir können also die zur Verfügung stehende Auslese in drei oder vier Gärten nebeneinander ganz neu abwandeln, ohne sie zu erschöpfen.“ [53] Foerster wollte dagegen weder aus wirtschaftlichen noch aus ästhetischen Gründen eine Begrenzung des Sortiments. Er wollte ständig neue Pflanzen züchten, diese auslesen und in die Gärten einführen.

Ein anderes Bild von „bodenständiger Gartenkunst“ ergibt sich, wenn es um die Verwendung von Pflanzen in der freien Landschaft geht. [54] Im Jahr 1939 äußerte sich Seifert dazu auffallend radikal: „Hier hören Wunsch und Gefallen des einzelnen auf, hier ist Erbe des Volkes zu wahren. In der Landschaft sind wir noch strenger als das Naturschutzgesetz, das die Ansiedlung fremder Pflanzen verbietet. Nicht nur das Reichsfremde muß fern bleiben, selbst das nur Landschaftsfremde hat hier sein Recht verloren. Wir wollen nicht Nadelhölzer in Laubholzlanschaften eingebracht wissen und nicht Birken auf guten Lehmböden sehen. Die Schwarzkiefer ist dem Ostrand des Wiener Waldes und dem Steinfeld vorbehalten, *Pinus montana* [heute: *P. mugo* subsp. *mugo*], die Latsche, dem Hochgebirge und den Hochmooren.“ [55] Indem Seifert das „Landschaftsfremde“ verbannte, bezog er sich auf die spezielle Eigenart eines Volkes, auf die gewachsene heimatliche Tradition, die sich in der Landschaft ausdrückt. Indem er das „Reichsfremde“ ablehnte, argumentierte er politisch-ideologisch. „Reichsfremd“ bezeichnet keinen Bezug zum Naturraum, sondern zum geopolitischen Machtraum der Nationalsozialisten. [56]

Bodenständige Pflanzen in der Landschaft sind für Seifert nicht nur solche, welche unter wirtschaftlichen und ästhetischen Gesichtspunkten optimal gedeihen und in ihre Umgebung eingefügt sind, sondern es sind vor allem Pflanzen, die einer speziellen Kultur angehören, deren hoher Entwicklungsstand gewertet, bewahrt und abgeschirmt werden sollte: „Die freie Landschaft ist die ewige Heimat der Deutschen, die unverfälscht und rein in ihrer ganz besonderen Eigenart von Geschlecht und Geschlecht weitergegeben werden muß.“ [57]

Bodenständige Gartenkunst, ein schwer zu fassender Begriff

Seine kategorische Ablehnung fremder Pflanzen in der freien Landschaft erscheint zunächst humanistisch-kulturell begründbar. Doch seine politische Motivation deutet auf einen anderen Argumentationshintergrund. Seifert schrieb: „Mit voller Absicht habe ich den Begriff 'Bodenständigkeit' in die Gartenkunst eingeführt; es kam mir darauf an, in den Kampf, der zwischen 'Bodenständigkeit' und 'Überstaatlichkeit' in unsern Tagen auf allen Lebensgebieten entbrannt ist, auch die Gartenkunst einzubeziehen und für diese eindeutig Farbe zu bekennen.“ [58] Seifert

Die Reichsgartenschau 1939 in Stuttgart zeigt „bodenständige“ Gartenkunst, wie sie Foerster anstrebt

verwendete den Begriff „Bodenständigkeit“ auch im Sinne seiner politischen Überzeugung. Seine Forderung nach Reinhaltung der deutschen Eigenart war eine politisch motivierte Überbetonung des deutschen Wesens.

In der hohen Einschätzung der kulturellen Eigenart einer Landschaft sind sich Seifert und Foerster einig. Jedoch will der eine das natürlich Gewachsene bewahren und gegen Fremdes abgrenzen, der andere will es weiterentwickeln und dabei offen sein für Einflüsse von außen: „Die Heimat ist und bleibt im Werden“, schrieb Foerster 1941. „Das Neue befruchtet das Alte. Erst die Bekanntschaft mit völlig neuartigen, fremden Schönheitswelten der Pflanze beschenkt uns auch mit dem tiefsten Gefühl für das Altvertraute.“ [59] Foerster sah sich eingebunden in einen dynamischen Prozess der Veränderung von Heimat und Landschaft, in dem bisher Fremdes aufgenommen und eingefügt wurde: „Der Heimatpuritaner vergisst, dass dieser Einschmelzungsprozeß unaufhaltsam weitergeht, sich ständig an neuem Stoff kleiner und großer Gewächse versucht und auch vor Feld und Wald, vor Küche und Wohnung, ja auch vor unseren innersten Gedanken und Vorstellungen nicht haltmacht.“ [60] Foerster schloss also den Einsatz fremdländischer Pflanzen in der freien Landschaft keineswegs aus. Er verwies jedoch darauf, dass „die Erfahrungswelt der Bodenständigkeitsfragen in der freien Landschaft ein großes besonderes Kapitel [ist] […], weil hier ganz andere grundsätzliche Rücksichten auf unbeeinflußbar gegebene Bodenarten, Wasserverhältnisse, Standorte, Pflanzengenossenschaften, Kleinklimate, Großklimate und andere Gegebenheiten der Örtlichkeit genommen werden müssen.“ [61] Dass es Foerster wichtig war, Pflanzen heimisch und in diesem Sinn „bodenständig“ zu machen, zeigt die Tatsache, dass er sich bemühte, für seine Neuzüchtungen witzige und bildhafte deutsche Namen zu finden: „Wir haben für die Staudengräser die besten deutschen Namen gesammelt, aber auch eine sehr große Zahl neuer Namen ganz munter erschaffen, und zwar wie immer aufgrund der Einmaligkeit einer Erscheinung, so daß der deutsche Name auch ein gewisses Kontrollmittel enthält. Ohne einen echten, bodenständigen deutschen Namen fehlt das Siegel der geistigen Besitzergreifung.“ [62]
Der Vergleich der Ansichten Seiferts und Foersters zeigt, dass „bodenständige Gartenkunst“ nicht auf einen einfachen Nenner zu bringen ist und weder bei Foerster noch bei Seifert mit eindeutiger Ablehnung oder Empfehlung aller fremdländischen Pflanzen

Schlucht mit Astilben. Die Reichsgartenschau 1939 in Stuttgart zeigt „bodenständige“ Gartenkunst, die offen ist für Einflüsse von außen

gleichgesetzt werden kann. Der Vergleich zeigt auch, wie aus gleichen Ansätzen durch weltanschauliche und ideologische Prägungen unterschiedliches Denken und Handeln erwachsen.

Seinem pantheistisch geprägten Weltbild entsprechend sieht Foerster es als Aufgabe des Menschen, in die Geheimnisse der nach einem göttlichen Plan angelegten Natur einzudringen und aktiv in das Naturgeschehen einzugreifen, indem er vorhandene Schönheit und Eigenart respektiert, um dann eine Weiterführung zu vollkommeneren Formen zu versuchen und so eine kulturelle Weiterentwicklung zu ermöglichen. Diese Grundhaltung hat Foerster auch in den Zeiten nationalsozialistischer Einflussnahme und in der Diskussion um bodenständige Gartenkunst beibehalten.

Einheimische oder fremdländische Pflanzen in Garten und Landschaft – eine Diskussion bis heute

Die Diskussion, wie weit fremde Pflanzen verwendet werden sollen, beschäftigt bis heute die Landschaftsarchitekten. Richard Hansen, der durch sein Standardwerk „*Die Stauden und ihre Lebensbereiche*" großen Einfluss auf die Staudenverwendung hat, war ein Schüler Karl Foersters und bezeichnete ihn als sein großes Vorbild. Es liegt nah, zu vermuten, dass Hansen ähnliche Ansichten bezüglich der „bodenständigen Gartenkunst" vertrat wie Foerster. Dies lässt sich allerdings nur zum Teil bestätigen. Hansen setzte den Begriff „bodenständig" nur für einheimische *und* standortgerecht verwendete Pflanzen ein. Betrachtet man die Sortimente, die Hansen zur Verwendung in den Gärten empfahl, ergibt sich, dass er fremdländische Pflanzen im Garten guthieß. Desgleichen bewies sein Engagement in der Staudensichtungsarbeit, dass er im Sinne Foersters die Entwicklung der Sortimente durch Einführung von fremden Pflanzen und durch Neuzüchtungen aktiv vorantrieb und nicht wie Seifert diese festschrieb.

Hansens Einstellung bezüglich der Verwendung von fremdländischen Gehölzen in der Landschaft wird dagegen aus folgendem Zitat deutlich: „Es ist heute eine sehr schwerwiegende Aufgabe des Gärtners, der Verarmung der Landschaft durch Wiederbegrünung natürlicher Einheiten mit Hilfe bodenständiger Arten entgegenzuwirken [...]. Wie schön die heimischen Arten sind, haben erst die Bemühungen um die 'Verschönerung' der Landschaft mit fremden Gehölzarten gezeigt. Das Fremde hat, so reizvoll es auch im einzelnen sein mag, nicht die Erlebniskraft z.B. des heimischen Waldes mit seinem natürlichen Gefüge aus Baum, Strauch und Kraut. Deshalb wird man auch den heimischen Pflanzarten bei der Gestaltung großer Anlagen besondere Bedeutung schenken. Mag diese Beschränkung angesichts der Fülle der in den Baumschulen vorhandenen Arten seltsam erscheinen, so erweist sie sich doch stets als vorteilhaft für den Charakter derartiger Anlagen. Natürlich vermögen einzelne Fremdlinge Parkanlagen im besten Sinn zu bereichern." [63]

Es wird offenbar, dass Hansens Ansichten bezüglich der Verwendung von fremden Pflanzen in der Landschaft denen von Seifert näher stehen. Grundsätzlich lehnte er wie Seifert fremde Pflanzen in der freien Landschaft ab. Für die Verwendung in Parkanlagen legt er jedoch nicht eine solche Radikalität wie Seifert an den Tag, indem er einzelne fremde Pflanzen befürwortete. Trotzdem empfahl er auch hier den Gebrauch von einheimischen Pflanzen.

Prinzipien der Gartengestaltung

Zum eigentlichen Gartengestalter sollte man die groben und feinen Wünsche der Pflanze ernennen; hieraus entstehen die tiefsten Einheitlichkeiten, also auch Stimmungskräfte eines Gartenteils bis in jeden Quadratmeter hinein. [64]

Ästhetik des Gartens

Karl Foerster nahm im Garten eine „gemeinschaftsbildende“ Kraft wahr. Er hielt die Gestaltung des Gartens als „Gemeinschaftsraum“ für eine gesamtgesellschaftliche Aufgabe.

Seiner weltanschaulichen Prägung entsprechend war er der festen Überzeugung, dass schöne Gärten die menschlichen Beziehungen innerhalb der Gesellschaft positiv beeinflussen: „Die Kräfte, die aus dem edelsten Blumenleben in das Zueinander aller Seelen strömen, sind uns allen schon wunderlich in kleinen Erlebnissen zum Bewusstsein gekommen.“ [65]

Im Garten sollten sich nach Foersters Vorstellung Menschen aller Altersgruppen zusammenfinden. Der Garten sollte Menschen in den unterschiedlichsten Lebenslagen zugänglich gemacht werden und schöpferische Kräfte in ihnen freisetzen. Deshalb setzte Foerster sich für alle möglichen Spielarten des Gartens ein: Wohn- und Nutzgärten der Familie, Schul- und Schülergärten, kleine und große Anlagen, Volksgärten und Volksparks, Laubengärten und Sportplatzgärten, Gastgärten, Kur- und Krankenhausgärten.

Foersters Gartenstil: ein künstlerisches Doppelnetz

Im Gegensatz zu vielen anderen Gartengestaltern und Architekten, wie z.B. Max Laeuger, Peter Behrens und Paul Schultze-Naumburg, die sich für den architektonischen Garten aussprachen, und auf der anderen Seite z.B. William Robinson und Willy Lange, die ausschließlich den naturnahen Gestaltungsstil propagierten, ließ Foerster sich nicht auf einen Gestaltungsstil festlegen. Er vertrat sogar die Meinung, dass sich die beiden Gartenstile ergänzen: „Es handelt sich darum, die Endgültigkeit der Erkenntnis zum Allgemeingut zu machen, daß der architektonisch regelmäßige und der natürliche Gartenstil, der von den Standortgenossenschaften der Pflanzen und den Vordergrundanblicken der wilden Natur ausgeht, einander in alle Zeit hinaus ebenbürtig sind. Sie sind aber nicht nur gleichberechtigt, sondern dazu bestimmt, sich gegenseitig immer mehr auf unausdenkbare Weise zu durchdringen, ohne daß hier falsche Stilvermischungen entstehen.“ [66] An anderer Stelle bezeichnete er die gegensätzlichen Stile sogar als „goldenes“ oder „künstlerisches Doppelnetz des Gartens.“ [67] Foersters Verständnis vom Gartenstil war hauptsächlich ästhetisch geprägt. Hier kommt Foersters Schönheitsideal der „Kontrapunktik“ zum Tragen. Der regelmäßige und der naturnahe Gartenstil bilden Gegenpole, die unabhängig voneinander „schön“ sind. Zusammen angewendet bilden sie ein Kontrastpaar, das zu einer gegenseitigen Steigerung führt (siehe Seite 62). [68]

Interessanterweise deckt sich dieses Schönheitsverständnis Foersters mit der japanischen Sichtweise. Nach Günther Nitschke besteht das Schönheitsverständnis der Japaner aus zwei Komponenten: Der Verehrung des Unnachahmlichen in der Natur und der Verehrung der vom Menschen perfektionierten Form. Gerade die bewusste Überlagerung dieser beiden Formen, so Nitschke, charakterisiere den japanischen Schönheitssinn am besten.

Foerster wollte sich aber auch aus pragmatischen Gründen nicht auf einen Stil festlegen lassen. Der Besitz eines Gartens war damals noch das Privileg der Wohlhabenden. Der Garten diente dazu, Reichtum zur Schau zu stellen. 1902 wurde die „Deutsche Gartenstadtgesellschaft“ gegründet, die sich als Ziel gesetzt hatte, die Wohnverhältnisse der Arbeiterschaft zu verbessern. So entstanden ab 1909 viele „Gartenstädte“, die gemeinschaftliche Grünflächen hatten und auch Gartenräume für die Bewohner vorsahen. Der Hausgarten wandelte sich in zunehmendem Maß vom reinen Repräsentations- zum Nutz- und Wohngarten [69]. Auch die Lauben- und Schrebergartenbewegung (Kleingartenbewegung) hatte enormen Zulauf.

Foerster äußerte sich begeistert: „Das kleine Einfamilienlandhaus beginnt gerade jetzt in dieser Zeitenwende billiger als die Mietskasernenwohnung zu werden; kleine Gärten haben aufgehört, klein zu sein, weil der Reichtum kleiner, abwechselnd zwischen Frühling und Herbst blühender Gewächse unendlich ward und aus ein paar Raummetern eine Welt entfaltet. Dies alles ist für das innerste Gedeihen des Menschenwesens viel größer und wichtiger als alle bisherigen religiösen und politischen Reformationen und Revolutionen.“ [70]

Foerster glaubte, ein Garten müsse den Nutzungsinteressen seiner Bewohner angepasst werden. Wenn im Garten regelmäßiger und natürlicher Stil miteinander kombiniert werden, so meinte Foerster, entsteht eine große gestalterische Vielfalt, aus der den eigenen Bedürfnissen entsprechend ausgewählt werden kann. Ein Beispiel für diese Art der Gartengestaltung ist der Garten Poelzig, den Foerster zusammen mit Herta Hammerbacher und Hermann Mattern angelegt hat (siehe Seite 96). [71]

Das erste Viertel des 20. Jahrhunderts war in Deutschland überwiegend durch architektonische Gartengestaltungen geprägt. Das sah Foerster so: „Für mich persönlich liegt zweifellos ein Hauptgrund für das Überwiegen der regelmäßigen Gartengestaltung in der Schwierigkeit der Gestaltung natürlich stilisierter Gartenpartien. Diese verlangt eine ganz anders geartete persönliche und zeitraubende Überwachung bei der Gestaltung in der Modellierung und Bepflanzung jedes kleinsten Raumes als der regelmäßige Garten.“ [72]

Im Garten Poelzig verbinden sich regelmäßiger und natürlicher Gartenstil

Obwohl für ihn beide Gartenformen gleichberechtigt nebeneinander standen, warnte Foerster: „Es ist an der Zeit, vor der Auskältung unserer deutscher Gärten durch das allzustarke Dominieren des Geometers zu warnen.“ [73]

Nach Karl Foersters Auffassung von Gartengestaltung wirkten sich Bodenmodellierungen entscheidend auf die Raumbildung aus. Foerster bemerkte dazu: „Die Gartenkunst berücksichtigt immer mehr, daß die tiefste Schönheit und Mystik der Landschaft und des Gartens an Höhenunterschiede des Bodens gebunden ist.“ [74]

Bodenmodellierungen im Bornimer Steingarten

Diese Erkenntnis muss sich bei Foerster schon sehr früh gebildet haben, denn schon bei seiner Bornimer Gartenanlage benutzte Foerster den Aushub seines Senkgartens, um damit Hügel für den Steingarten anzuschütten. Foerster war der Meinung, dass durch die Mulden und Hügel Spannung in die Gärten gebracht würde, denn nur so sei ein permanent wechselndes „Zwiegespräch“ zwischen „Raum, Licht, Pflanze, Erde, Stein, Wasser, Oben und Unten, Haus und Garten, Pflanze und Pflanze, regelmäßigem und natürlichem Gestaltungsstil möglich.“ [75] Eine Beeinflussung durch Berthold Körting in diesem Punkt ist wahrscheinlich, da er sehr viel mit Bodenmodellierungen arbeitete.

Nach Foersters Ansicht sollte ein Garten vor allem als Wohn- und Lebensraum dienen. Deshalb sprach er sich für eine enge Verknüpfung von Haus und Garten aus. Er wollte, dass die Häuser zum Garten hin transparent gestaltet werden, damit der Garten auch vom Inneren des Hauses her erlebt werden könnte. Die Wohnterrasse, damals ein neues architektonisches Element, sollte sich in den Garten „schieben", um das Hausinnere mit dem Garten zu verzahnen. Foerster wollte nicht nur eine Einheit von Haus und Garten, er sah auch Garten und Landschaft in enger Beziehung zueinander. In der Nähe des Hauses kam aus seiner Sicht mehr die geometrische Gartengestaltung zum Tragen, während die Wildnisgartenkunst den Übergang zur Landschaft bilden sollte.

Die Eigenart einer Landschaft spielte eine herausragende Rolle für Foersters Gestaltungsverständnis. Seinem Weltbild entsprechend ging er in seinem Bemühen um die Weiterentwicklung des Gartens von den Gegebenheiten der Natur aus. Dementsprechend war Foerster auch die Berücksichtigung der Eigenart eines Ortes – des *genius loci* – sehr wichtig: „Wir sind dem Geiste der weiten Landschaft untertan, doch auch viel kleineren Geistern aller Örtlichkeiten. Selbst in der altbewohnten Landheimat, ja in der nächsten Nachbarschaft, ist uns doch überall und ringsumher auf ein paar hundert Schritte anders als irgendwo zumute." [76]

Dem „Genius des Gartenplatzes" zu entsprechen hieß bei Foerster, Pflanzen auszuwählen, die am Standort optimal gedeihen können. Zum Beispiel sollten lichtbedürftige Pflanzen nicht an Schattenplätzen eingesetzt und trockene Standorte nicht durch feuchtigkeitsliebende Pflanzen besiedelt werden. Wenn ein Garten entsteht, sollte nach Foerster das Terrain möglichst nicht verändert werden, son-

Bepflanzte Steingartentreppe im Senkgarten

Eisenhut am Naturstandort: Bild aus *„Blumen auf Europas Zinnen"*

dern die Pflanzen sollten so ausgewählt werden, dass sie sich dem Ort anpassen. Die Eigenart der Landschaft zu berücksichtigen hieß bei Foerster, Pflanzen einzusetzen, die ins Landschaftsbild passen. [77]

Bei der Gartengestaltung benutzten Foerster und auch später die Arbeitsgemeinschaft mit Herta Hammerbacher und Hermann Mattern unterschiedliche Gestaltungsmotive aus der Natur wie z.B. Heidegärten, Ufergärten, Frühlingsgärten. Ein Gestaltungsmotiv, der Steingarten, hat Foerster jedoch besonders fasziniert. Am Steingarten konnte Foerster seine Vorstellungen von naturnaher Gartenkunst besonders gut entwickeln. Er erforschte die ursprüngliche erhaltene Natur der Bergwelt und veröffentlichte ein Buch mit dem Titel *„Blumen auf Europas Zinnen"*.

Dort werden die Pflanzen an ihrem Naturstandort abgebildet und beschrieben. Ein Steingarten, meinte Foerster, könne pflegeleicht auf kleinstem Raum angelegt werden und sei deshalb vielen Menschen zugänglich. Den Steingarten brachte er auf folgende Formel: „Größte Mannigfaltigkeit auf kleinstem Raum bei geringster Pflegenotwendigkeit.“[78]

In der Steingartenkunst sah Foerster englische und japanische Einflüsse. Er wies darauf hin, dass sie von Ostasien über England nach Deutschland gekommen sei. England galt ihm als Vorbild für den regelmäßigen Steingarten. Japan bewunderte er als „Urland“ der natürlichen Steingartenkunst. Er war davon überzeugt, dass beide Steingartenformen sich trotz ihrer Gegensätzlichkeit ergänzen bzw. steigern können. Folgerichtig besaß sein eigener Bornimer Garten sowohl naturnahe als auch regelmäßige Steingartenelemente.

In seinem Buch „*Der Steingarten der sieben Jahreszeiten*“ hat Foerster alles Grundlegende zu diesem Thema gebündelt. Es finden sich ausführliche Beschreibungen von allen in Steingärten zu verwendenden ausdauernden Pflanzen, wie Blumenzwiebeln, Kleinstauden, kleineren Gräsern sowie Zwergfarnen und Gehölzen. Er legte die unterschiedlichen Gestaltungsmöglichkeiten für Steingärten dar und gab Hinweise für die Pflege. Es gibt ein „bewährtes Bepflanzungsprogramm“ nach den „sieben Jahreszeiten“, das auch Blütensträucher mit einbezieht. Zahlreiche Listen geben Auskunft über mögliche Pflanzen für den „Duftsteingarten“ und den „immergrünen Steingarten“, über empfehlenswerte Farbkombinationen, die wichtigsten Blumenzwiebeln, Zwerglaubgeholze usw. Karl Foerster fasste Pflanzen für unterschiedliche Vegetationsbilder zusammen, wie z.B. für den „Kiefernwaldrand“ oder das „Dünengärtchen“. Er stellte standortgebundene Pflanzengesellschaften mit dazugehörigen Pflanzenlisten auf, z.B. für „licht- und halbschattige Plätze“ oder für „Trockenheitssteingärten“. Viele seiner Erkenntnisse zu Gestaltung und Pflanzenverwendung fanden in Bornim ihren Ursprung (siehe Seite 80).

Ästhetik der Pflanzenauswahl

„Zu wenig Selbstverwaltung in der Pflanzenwelt eines Gartens [beruht] auf Fehlern des Gartenaufbaus und der feinsten Pflanzenauswahl.“[79]

Anfang des 20. Jahrhunderts beschäftigten sich Gartengestalter, wie Gertrude Jekyll, Ernst Arnošt Emanuel Garf von Silva-Tarouca und Willy Lange, mit der Thematik Farbe. Insbesondere der Untersuchung von Farbharmonien wurde eine große Bedeutung beigemessen. Auch Foerster war an dieser Fragestellung sehr interessiert. Künstler wie Wissenschaftler gingen damals verstärkt der Frage nach, wie sich Farben in ihrer Zusammensetzung und Wirkung beschreiben ließen. Es ging auch um die Überlegung, die Farben in einem normierten Farbschema zu ordnen. Dabei spielte Wilhelm Ostwald eine große Rolle, der ein grundlegendes Verfahren entwickelt hatte.

In einem Artikel der „*Gartenschönheit*“ von 1927 schrieb der Autor F.H.O. Krüger: „Durch die Arbeit Wilhelm Ostwalds sind leicht zu handhabende Meßmethoden für die Farben gefunden worden. Durch drei Zahlen können wir die drei Mannigfaltigkeiten der Farbe so festlegen, dass sie auch ohne Muster jederzeit reproduzierbar ist.“ [80] Die Überlegungen zur Farbnormierung erstreckten sich auch auf den Gartenbau. Die „Deutsche Werkstelle für Farbkunde“ ließ 1927 eine Farbenmessstelle für den Gartenbau einrichten. Dort wurden Farbmesswerte von Rosenblüten ermittelt. Es sollte der Anfang eines ehrgeizigen Projektes sein, mit dem Ziel eine Farb-Kartothek für alle Kulturpflanzen aufzubauen. „Es muß ein Ende haben, daß von Blumenfarben hochtönende Worte in Beschreibungen Farbenvorstellungen erweckt werden, die häufig nicht mit der Wirklichkeit in Einklang stehen. Es muß die einfache, zwar nüchterne, aber dafür deutliche Farbbezeichnung mittels der Ostwaldschen Zeichen üblich werden. Damit wird die Quelle vieler Missverständnisse und Ärgers verstopft werden.“ [81] Zugleich erhoffte man sich dadurch, international eine Verständigungsbasis zu schaffen: „Auch in anderen Sprachen, denen die Ostwaldschen Zeichen ohne Übersetzung sofort verständlich sind, könnte dies durchgeführt werden. Wir erhielten auf diese Weise genaue Synonyma für die Wertbezeichnungen der Farben in den Kultursprachen.“ [82]

Karl Foerster kannte Ostwald persönlich und besaß dessen Bücher über Farbtheorie, *„Die Farbschule*“ und die *„Farbenfibel*“. Er unterstützte die Bestrebungen zur Farbnormierung im Gartenbau, wie aus einem Artikel in der *„Gartenschönheit*“ hervorgeht.

Die Normierung von Farben – ein schwieriges Kapitel

Das Projekt kam jedoch nie zur Ausführung, obwohl es erste Ansätze gegeben hatte. Der Züchter Ernst Benary, Erfurt, fügte z.B. 1927 seinem Samenkatalog die Farbnormtafeln Ostwalds hinzu. Da die Bemühungen nicht fortgeführt wurden, erneuerte Karl Foerster seine Forderungen nach einer Farbnormierung 1950 in seinem Buch *„Vom großen Welt- und Gartenspiel“* noch einmal: „Das Reich der Töne ist aufs Feinste durchgeordnet und getauft, aber die Ordnung der Farben verlangt trotz aller Vorarbeiten der Pioniere dreier Länder nach ganz neuen Methoden. [...]. Wir brauchen selbstverständlich einen kleinen wetterfesten Farben-Taschenatlas. Es ist die hohe Zeit, daß die sprachverwirrten Meinungsverschiedenheiten über Purpur, Lila und Violett, über Neapelgelb, Bronzebraun und Stahlblau endlich festgelegten, gutgetauften Begriffen Platz macht, was nur mit den einfachen, handlichen Mitteln eines von der Gebrauchspraxis her erschaffenen Taschenatlas zu erreichen ist.“ [83]

In Deutschland hat sich die Forderung nach einer Farbnormierung nicht durchgesetzt. In England hingegen hat die Royal Horticultural Society (RHS) sogenannte „Color charts“ entwickelt, nach denen laut Wolfgang Borchhardt eine exakte Bestimmung von Blütenfarben, Farbton, Helligkeit und Leuchtkraft möglich ist. [84]

Penelope Hobhouse weist in ihrem Buch *„Farbe im Garten“* daraufhin, wie problematisch es ist, mit diesen Farbtafeln zu arbeiten. Um die Blütenfarbe einer Pflanze zu bestimmen, müssten eine Knospe kurz vor dem Öffnen, eine möglichst vollkommene Blüte und ein abblühendes Exemplar als Vergleichsexemplare vorhanden sein. Diese müssten dann bei nördlichem Licht und weißem Hintergrund betrachtet werden, um sie der RHS-Skala zuordnen zu können. Im natürlichen Kontext müssten weiterhin die Veränderungen der Blütenfarbe aufgrund der Bodenverhältnisse, die permanent schwankenden Lichtverhältnisse und die veränderte Wahrnehmung durch benachbarte Pflanzen mit einbezogen werden.
Den drei Farben Blau, Gelb und Weiß galt das Hauptaugenmerk Foersters. Diese Vorliebe übertrug sich auch auf die Pläne der Arbeitsgemeinschaft mit Hermann Mattern und Herta Hammerbacher (siehe Seite 91).

Blau

„Blau ist ein Herrscher der Gärten. Diese Farbe in ihren Gipfelschönheiten macht gartenfroher als alle andern Farben. Sie behauptet ihre Heiterkeit gegen Regen und Gewölk, wirkt fast durstlöschend an Hitzetagen, an denen wir so empfindlich gegen müde Farben sind und oft nur Blau lieben, so wie man Hitze oft nicht essen, sondern nur noch trinken mag.“ [85]

Die Farbe Blau faszinierte Foerster wegen ihrer Leuchtkraft. Sie reizte ihn als Züchter, weil blau gefärbte Blüten selten in der Natur vorkommen und schwer zu züchten sind. Eine reinblaue Rosenblüte zu züchten, ist bis heute nicht gelungen. Foerster wies darauf hin, dass die Farbe Blau auch in der Kunst technisch sehr aufwendig und kostenintensiv herzustellen war und unter Lichteinfluss nicht lange

Eine der bekanntesten Foerster-Sorten: Delphinium elatum 'Finsteraarhorn'. Züchtung 1937

SYMBOL „BLAUE BLUME“

Novalis – sein bürgerlicher Name lautet Friedrich von Hardenberg –, einer der einflussreichsten Schriftsteller der Romantik, verwendete dieses Symbol zum ersten Mal in seinem unvollendeten Roman „*Heinrich von Ofterdingen*“. Ein geheimnisvoller Fremder erzählt dem Romanhelden Heinrich von der blauen Blume. Dieser träumt in der darauf folgenden Nacht von ihr: „Was ihn aber mit voller Macht anzog, war eine hohe lichtblaue Blume, die [...] ihn mit ihren breit glänzenden Blättern berührte. Rund um sie her standen unzählige Blumen von allen Farben, und der köstliche Geruch erfüllte die Luft. Er sah nichts als die blaue Blume und betrachtete sie lange mit unendlicher Zärtlichkeit. Endlich wollte er sich ihr nähern, als sie auf einmal sich zu bewegen und zu verändern anfing; die Blätter wurden glänzender und schwelgten sich an den wachsenden Stengel, die Blume neigte sich nach ihm zu, und die Blütenblätter zeigten einen blauen ausgebreiteten Kragen, in welchem ein zartes Gesicht schwebte. Sein süßes Staunen wuchs mit der sonderbaren Verwandlung, als ihn plötzlich die Stimme seiner Mutter weckte und er sich in der elterlichen Stube fand, [...].“ [86] Auch die romantisch inspirierte Jugendbewegung der Wandervögel bediente sich dieses Symbols. In einem bekannten Wandervogellied heißt es: „[...] Es blüht im Walde tief innen die Blaue Blume fein, die Blume zu gewinnen, ziehen wir ins Land hinein. Es rauschen die Bäume, es murmelt der Fluß: Der die Blaue Blume will finden, das muß ein Wandervogel sein.“ [87]

Ipomoea tricolor **'Heavenly Blue', die Prunkwinde, eine von Foersters blauen Lieblingsblumen**

beständig blieb. Von frühester Kindheit an ist Foerster durch die blaue Farbe in den Bildern Arnold Böcklins geprägt worden, welcher der Lieblingsmaler seiner Mutter war. Er charakterisierte den Maler als „Pionier der blauen Farbe“ und benannte eine seiner ersten Ritterspornzüchtungen aus dem Jahre 1912 nach ihm. [88] Beeinflusst wurde Foerster auch in seiner Vorliebe für die Farbe Blau durch die „Blaue Blume“, ein Symbol der Romantik, das für Sehnsucht und Liebe und das metaphysische Streben nach dem Unendlichen steht.

Der Rittersporn kam Foersters symbolisch überhöhten Vorstellungen von der blauen Blume im Garten sehr nah. „Keine Blume kann den Garten so beherrschen, wie die neuen Rittersporne dies tun. Wunderbar hat hier die Farbe, die wir sonst nur aus den gestaltlosen Flächen und Weiten von Himmel und Wasser, Dämmerung und Ferne kennen, die Gebärden gestalteten Lebens selber angenommen und türmt sich in seltsamen gotischen Blütenbauten empor.“ [89] Foerster bezeichnete den Rittersporn an anderer Stelle auch als „Königsthron der blauen Farbe“. [90]

Die blaue Blütenfärbung blieb ein Leben lang eines der primären Zuchtziele Foersters und blau blühenden Stauden und Gehölzen galt seine besondere Vorliebe. So kam es, dass er ein Buch nur über Rittersporn („*Der neue Rittersporn*“ 1929) veröffentlichte und ein Buch ausschließlich blau blühenden Stauden und Gehölzen widmete („*Blauer Schatz der Gärten*“, Erstausgabe 1940).

Gerade in Bezug auf seine Ritterspornzüchtungen betonte Foerster immer wieder die Bedeutung des „reinen Blaus“: „Erstens stören sie nie, zweitens haben sie die unvergleichliche Kraft harmonischer Gipfelung aller sie umgebenden Buntheit. Die meisten Züchter auf diesem wichtigen Gebiete gehen verwickelten Farbzielen nach und scheinen zu vergessen, dass die Urdomäne der großen blauen Blume, nämlich des Rittersporns, reines Himmel-, Enzian-und Kornblumenblau ist.“ [91] Im Anschluss an diese Passage folgt eine Aufzählung nicht rein blauer Rittersporn-Sorten. Diese sähen zwar aus der Nähe schön aus, aus etwas weiterer Entfernung wirkten sie jedoch disharmonisch. Blaurote und blaurosa Blütenfarben sah Foerster vor allem im Zusammenklang mit anderen Pflanzen als problematisch an. Er taufte sie abschätzig „Rote-Grütze-Farben“.[92]

Gelb

„In allen anderen Farben steckt mehr Unruhe und Sehnsucht. Gelb hat alles hinter sich gebracht. Warmes Goldgelb schenkt uns ein Gefühl ähnlich dem freudiger Ruhe nach heißer Arbeit. Dieser sonnige Farbenfriede, der von gelben Blumen ausgehen kann, ist mit einem Gefühl Kraft sammelnder Lebenssättigung verbunden.“ [93]

Die Farbe Gelb schätzte Foerster neben der Farbe Blau besonders. Das Motiv des „gelben Gartens“ beschäftigte ihn ein Leben lang. In seinem Buch „*Vom Blütengarten der Zukunft*“ schreibt er darüber zum ersten Mal. Es folgen mehrere Artikel in der „*Gartenschönheit*“ und die Thematik wird immer wieder in seinen Büchern aufgegriffen. Foerster schreibt über die Rezeption der Farbe Gelb im Garten: „Vor einigen Jahrzehnten war Gelb im Garten noch ziemlich verachtet, dann kam die Zeit ‘der gelben Gefahr’, nämlich der derben, unordentlichen, gelben Gartenwildnisse, die Zeit der Überwürzung oder falschen Würzung der Gärten mit Gelb. Erst neuere Staudensorten und Dahlien, Rosen und Chrysanthemen, Schwert- [sic] und Taglilien, in strahlenden und verträglichen, reich abgewandelten gelben Tönen, an denen auch die Sonnenblumen teilnehmen, in Wuchsgerüsten von disziplinierter Festigkeit und abgestuften Höhen machen diese große Gartenangelegenheit zu einer Sensation. Gartenkünstlerische Erkenntnisse und Erfahrungen bannten den Rest der Gefahr.“ [94]

Hier wird das Hauptaugenmerk von Karl Foerster in Bezug auf den „gelben Garten“ deutlich. Es geht ihm um die Auswahl und Züchtung von Staudensorten mit Farbabstufungen von „bleichgelb“ über „orangerot“ bis zu „sammetbraun“. Züchterisch beschäftigte er sich hautsächlich mit den Stauden *Helenium, Rudbeckia, Heliopsis* und *Solidago,* obwohl die „Krone aller gelben Blütengewächse“ für ihn die Strauchazaleen waren. [95]

Gestalterisch sah Foerster die Vermischung von gelben Farben mit anderen bunten Farben als problematisch an. Insbesondere die Kombination von Gelb und Rosa lehnte er ab. Er konnte sich aber ein „edles, kaltes Gelb" durchaus in der Kombination mit „Schwarzrot" und „Generalsstabsrot" vorstellen. Bei der „Benachbarung" von Pflanzen sprach er sich im Wesentlichen für die Verwendung von „zugehörigen" oder „gegensätzlichen" Tönen aus. Im Hinblick auf die Farbe Gelb empfahl er die Kombination mit Blau und Weiss, sowie Braun und Orange.

Häufig benachbarte er gelb blühende Stauden mit blaugrün gefärbten Gräsern oder blaugrünen Koniferen. Er empfahl das Zusammenspiel von Gelb mit Dunkellila, Orangegelb, goldlackfarbenen Tönungen, Goldbraun und gelbroten Beeren-

Heliopsis scabra 'Spitzentänzerin'. Halbgefüllte, spätblühende Sorte mit leicht gewirbelter Blüte. Nach Foerster eine echte „Langspielplatte". Züchtung 1934

sträuchern (z.B. Feuerdorn und Stranddorn bzw. Sanddorn). Er wünschte sich in Kombination mit „sehr weichen Farbenklängen" die Farbe Gelb, weil sie „ein männlicheres, aktives Element hineintrage und [...] eine farbige Universalität an Stelle voriger Einseitigkeit hinzubringe." [96] Als Beispiel nannte er die Orangefarbenen Taglilien in Verbindung mit Feuerlilien, Kletterrosen und Rittersporn.

Foerster war der Meinung, man solle Gelb in einer Pflanzung nur vereinzelt und dann in mindestens zwei Abtönungen benutzen oder man solle Gelb flächig in großen Gruppen, ganzen Gartenteilen oder sogar eigenen Sondergärten pflanzen. Eine regellose oder zufällige Anordnung von gelb blühenden Pflanzen zwischen Stauden mit unterschiedlichen Farbtönen empfand Foerster als unschön.

Weiß

„Weiß ist ein unentbehrlicher Gegenspieler der anderen Farben, keine Rabatte ist farblich abgerundet und richtig abgestimmt ohne Weiß.“ [97]

Weiß war für Karl Foerster eine „dienende Farbe“ bzw. „der große Sensibilisator des Auges“. Nach seiner Ansicht gehört Weiß als Ausgleich in jede Pflanzung, sollte aber nicht zu verschwenderisch verwendet werden. [98]

Bei der Züchtung weißer Blüten ging es ihm wie bei blauen Blüten darum, möglichst reine Blütenfarben zu züchten. In einem Gespräch, das noch in seiner Gärtnerei in Berlin-Westend stattfand, äußerte sich Foerster dahingehend, dass es bis jetzt nur „schmutziges Weiß“ als Blütenfarbe gegeben habe und dass das „reine Weiß“ erst jetzt von ihm gezüchtet werde. Über seine persönlichen Vorlieben für bestimmte Einzelfarben schrieb er in dem Buch *„Neuer Glanz des Gartenjahres“* zusammenfassend: „Vorliebe für gewisse Farben stellt sich ein, Abneigung gegen

Phlox paniculata ‘Schneeferner’ im Senkgarten

andere. Derbe Gelbs [sic] und bläuliche Rots [sic] werden tief verabscheut. Schöne, schwere vergeistigte Rots [sic], nachtdunkles Lila, tiefes Braun der Blutbuchen [sic] und anderer braunblättriger Gehölze werden bevorzugt und natürliches, reines Hell- und Dunkelblau stärker als je geliebt!" [99]

Foersters Interesse galt nicht nur der Blüten-, sondern auch der Blattfarbe und der Wirkung von unterschiedlichen Grüntönen einer Pflanze, um bei Farbkombinationen ein ausgleichendes Element zu haben. Dies zeigen seine vielen Artikel über Gräser und Farne sowie immergrüne Gehölze und Koniferen. Dabei machte Karl Foerster sich nicht nur Gedanken über die Kombination von Stauden mit unterschiedlichen Grüntönen, sondern er stellte auch Listen für Pflanzen auf, die besonders zeitig im Jahr austreiben, sogenannte „Frühgrüner", um so eher Farbenreize in die Gärten zu tragen. Mit immergrünen und wintergrünen Pflanzen wollte Foerster auch jahreszeitlich bedingten „Farbmangel" überbrücken.

Buntlaubige Stauden und Gehölze

Auch buntlaubige Gehölze und Stauden hatte Foerster im Blick: „Die Rolle dieser Farben des Gartens und ihrer Zusammenklänge mit Blüten- und Himmelsfarben, ihre Kraft, uns von der Einseitigkeit des Grüns zu lösen oder dumpfe Plätze aufzuhellen, sollte dankbar gefeiert und benutzt werden." [100] Zu den weiteren Einsatzmöglichkeiten buntlaubiger Pflanzen merkte er an: „Gerade auch in kleineren Gartenpartien helfen diese Pflanzen über zeitliche Lücken des Blütenflors hinweg und liefern auch kleinen Blütenmengen wirksame Nachbarschaft, die aus wenig viel macht." [101]

Foerster setzt gerne buntlaubige Stauden und Gehölze als Lückenbüßer ein

Das schönste rotbraune Gehölz war für Karl Foerster die Blut-Buche. Zudem waren für ihn die Blut-Pflaume, die Blut-Hasel und die Blut-Berberitze [102] unverzichtbar.

Viele der weißgrünen Gehölze gefielen Foerster jedoch überhaupt nicht. Er bezeichnete sie sogar als „krankhaft". Welche Gehölze er im Einzelnen damit meinte, führt er nicht aus. Er nannte jedoch einige empfehlenswerte buntlaubige Gehölze, wie z.B. eine heute unbekannte Sorte des Eschen-Ahorns, *„Acer negundo foliis variegatis"*, den Weißbunten Hartriegel, sowie die weißbuntlaubige Weigelie. Alle Arten werden heute in vielen Sorten angeboten.

Foerster empfahl, die silbergrauen und goldgrünen Gehölze häufiger einzusetzen als die rotbraunen und die weißbunten. Silbergrau sei die „stillste" aller Farben und zudem ein hervorragender Mittler zwischen unterschiedlichen Farbtönen. Bei den silbergrauen Gehölzen bevorzugte Foerster Sanddorn. Daneben favorisierte er die Schmalblättrige Ölweide oder die Reichblütige Ölweide sowie die Weidenblättrige Birne. Silbergraue Gehölze waren für ihn eine hervorragende Hintergrundpflanzung für gelbe und goldbraune Stauden. Die Auswahl der goldgrünen Gehölze, die Foerster als empfehlenswert einstufte, umfasste nur wenige Arten. Er nennt Gold-Holunder, Gold-Hartriegel und Gold-Ulme.

In dem Buch *„Lebende Gartentabellen"* listete Foerster empfehlenswerte silbergraue und buntlaubige Stauden bzw. Gräser auf. Eine weitere Liste mit buntblättrigen Stauden, Gräsern, Binsen, Seggen und Simsen ließ er im Buch *„Neuer Glanz des Gartenjahres"* abdrucken.

Farbkompositionen

Foerster war der Ansicht, dass Farben nie getrennt voneinander betrachtet werden können. Einer seiner berühmtesten Leitsätze, den er in seinem Buch *„Vom Blütengarten der Zukunft"* 1917 aufstellte, lautet: „Eine Farbe pflanzen ohne raffinierten Bezug auf eine andere, heißt ihr Bestes verlieren. Man sollte für alle Blütenpflanzungen im Garten kontrapunktische Listen aufstellen unter dem Titel: „Als Vermählte empfehlen sich".[103] Karl Foerster schaffte es leider nicht, für alle Blütenpflanzen die geeigneten Nachbarpflanzen aufzulisten. Jedoch gab er zahlreiche Beispiele in seinen Katalogen, Zeitschriftenartikeln und Büchern.

FOERSTERS DREIKLÄNGE

Die folgenden Dreiklänge schätzte Foerster besonders:

- Silbergrau mit reinem Blau und warmem Rot
- Weiß, Orange und Hell- bis Mittelblau
- Blaugrün, Rotbraun und Gelb
- Rosa, Weiß und Dunkellila
- Buntlaubig mit Gräserblau und Nelkenpolsterblau.[106]

Als Vermählte empfehlen sich: *Eryngium x tripartitum* und *Helenium* 'Rubinzwerg'

Um seine gestalterischen Vorstellungen über Farben zu artikulieren, benutzte Foerster häufig Ausdrücke, die er aus der Musiklehre entlehnte, wie „Kontrapunktik“, „Harmonie“, „Klang“. Einen Artikel, der sich mit der Vermeidung von Farbmissklängen befasste, überschrieb Foerster mit dem Titel *„Sand im Grammophon“*. Dort fasste er die Gründe zusammen, die seiner Ansicht nach zu Farbdisharmonien führen: „Wir bringen uns überall um hundert Prozent Reinheit, Schönheit und Sicherheit der Gartenfarbenklänge durch zehn Prozent gewisser unklarer Übergangsfarben oder durch bestimmte derbe gelbe Töne und drittens durch die falsche Benachbarung und Proportion frischen Gartengrüns neben bunten Farben.“ [104] Er empfahl die Verwendung von „Dreiklängen“: „Jede Farbe lebt im Tiefsten von Nachbarfarben; erst der Dreiklang der Farben bringt das Auge zur Ruhe, wenn er recht – mit Bedacht – gewählt ist. Dann tut sich auch eine neue Welt der kleinen und kleinsten Gartenräume auf, neue Farbenprovinzen werden erschlossen, um neuartiger, beglückender Verwendung zu dienen.“ [105] Unter Zweiklängen versteht man Farben, die sich im Farbkreis gegenüberstehen, z.B. Orange und Blau, Violett und Gelb. Dreiklänge bestehen aus Farben, die immer um ein Drittel des Kreisumfanges voneinander entfernt sind, z.B. Blau-Gelb-Rot oder Grün-Orange-Violett. Die Zwei- oder Dreiklänge bezeichnet man auch als Komplementärkontrast (siehe auch Seite 62).

Farbtheorien

Ungeachtet der Modetrends und der neusten Inspirationsquellen und Ideen richtet sich jede Gärtnergeneration im Umgang mit Farben nach den selben Grundsätzen. Es handelt sich meistens um das Gesetz des Kontrastes von Komplementärfarben oder das Gesetz der Harmonie von Farben, die im Farbkreis benachbart sind, der sogenannten chromatischen Farben.

Der Komplementärkontrast wurde erstmals von Johann Wolfgang von Goethe beschrieben. Komplementärfarben liegen sich im Farbenkreis gegenüber. Den Farbgegensatz empfindet der Betrachter als harmonischen Kontrast. Dabei verstärkt sich die Leuchtkraft, wenn die nebeneinandergesetzten Komplementärfarben aus reinen Pigmenten bestehen. Der Franzose Eugène Chevreul untersuchte als erster die Wirkung benachbarter Farben. Er stellte fest, dass Farben, die durch viele gemeinsame Pigmente ähnlich sind, harmonisch wirken.

Foerster wurde durch Goethes und Ostwalds Farbenlehre beeinflusst. Seine Harmonievorstellungen basierten im Wesentlichen auf den Komplementärkontrasten: Farbzusammenstellungen nach Zwei-, wenn möglich sogar Drei- oder Vierklängen. Dennoch wandte er auch die Harmonien ähnlicher (chromatischer) Farben an. Dies wird aus seinen Züchtungszielen für die Farbe Gelb deutlich und aus mehreren anderen Zitaten: „Jede Farbe gerät am tiefsten ins Fließen und Dröhnen durch benachbarte Stufungen ihrer Grundtöne, für die noch keine Worte da sind.“ [107] Auffallend ist, dass Ostwald die grundlegende Harmonie der Farben – genauso wie Foerster – im Komplementärkontrast sah. Auch die Bezeichnungen Zwei-, Drei- und Vierklänge sind identisch. Da Foerster Ostwalds Bücher besaß, ist es sehr wahrscheinlich, dass er seine Vorstellungen hier entlehnt hat. Foersters Aussage, dass man auf gewisse „unklare Übergangsfarben“ verzichten solle, könnte ebenfalls aus der Theorie Ostwalds stammen. Ostwald experimentierte mit den Schwellenwerten für Farben. Als Schwelle bezeichnete er „die Grenze der eben merklichen Verschiedenheit“ von Farben. Er stellte fest, dass ähnliche Farben nebeneinander gestellt nicht zu unterscheiden sind. Demnach erscheint es sinnvoll, auf sehr ähnliche (chromatische) Farbkombinationen zu verzichten, weil das menschliche Auge den Unterschied nicht wahrnehmen kann.

Wie stand Foerster zu Goethes Farbenlehre? In der Einleitung zu seiner Farbenlehre schreibt Goethe: „Sie [die Farbenlehre] beschäftigt sich mit den Farben, besonders denjenigen, welche man reine ursprüngliche Farben nennen darf, die wir an völlig ungefärbten Körpern oder durch das Mittel ungefärbter Körper gewahr werden, wie die Farben sind, welche uns das Prisma, die Linse, die Wassertropfen und Dünste zeigen.“ [108] Unter „ursprünglichen Farben“ verstand Goethe die Farben Gelb und Blau. An anderer Stelle bezeichnete er sie auch als „optimale Farben“, weil sie die größte Leuchtkraft besäßen. [109] Auch Foerster schenkte sein Hauptinteresse den beiden Farben Blau und Gelb.

Goethe war durch die Erkenntnistheorie von Kant geprägt. Dieser hatte die These aufgestellt, dass wir nicht in der Lage wären, die Gegenstände der Philosophie objektiv zu erkennen, sondern dass wir lediglich über unsere Wahrnehmung nachdenken könnten. In diesem Sinne war für Goethe Wissenschaft ein Wahrnehmungsprozess, und dies galt in gleichem Maße für Karl Foerster.

Eine der ersten Foerster Züchtungen: *Delphinium elatum* 'Berghimmel' (1920). Wunderschöne, hellblaue Blüten mit weißem Auge

Für Goethe war die Farbenlehre eine Lehre der ästhetischen Wahrnehmung von Farben, denen er eine „sinnliche sittliche Wirkung“ beimaß. Auch dies galt für Karl Foerster: „Farbe ist keine bloße Oberflächenhaut der Dinge, sondern eine Botschaft aus der Tiefe der Erscheinung und ihres Verhältnisses zu uns, [Farbe ist] ja auch fähig, Stichwort metaphysischer Deutung zu sein.“ [110]

Foerster entwickelte jedoch andere „Gemütsbeziehungen“ zur Farbe als Goethe. Für seine bevorzugten Farben Blau, Gelb und Weiss stellte er dies folgendermaßen dar: „Azurblau ist die Kaiserin der Farben, – Farbe der ewigen Hoffnung, des schrankenlosen Ja, – alle anderen Farben hängen an ihrem Wort. Dies Blau ist wie ein heiterer Weiser, welcher dem Streit der Nachbarschaft Frieden gebietet. In die Gärten dringt mit ihm die wahre Märchenbuntheit. [...] – Gelb ist ein uralter Sonnenglanz der Macht, dem Golde verwandt, das zugleich voll Wärme und Distanz. – Elfenbeingelb ist der Gipfel vornehmer Herrschaft, von der kaum noch Gebrauch gemacht wird.[...] – Weiß ist abgetane Erdenschwere, uranfänglicher Neubeginn für Jung und Alt, Farbe lichter Festlichkeit, der jedes Lebensalter andere Bedeutung entringt.“ [111]

Goethe assoziierte mit der Farbe Blau etwas „Dunkles“, „ein Gefühl von Kälte“. Gerade das reine Blau, das Foerster so liebte, bezeichnete er als „reizendes Nichts“. Der blauroten Farbe „verdünnt und hell“ angewandt, sprach Goethe, „einen ganz besonderen Reiz“ zu. [112] Dies war gerade eine der ungeliebten

Farben Foersters. Im Vorwort des Buches *„Blauer Schatz der Gärten“* übte Foerster deshalb auch leise Kritik an Goethe, indem er anmerkte, dass dieser nicht die richtigen Worte für die Farbe Blau gefunden habe.

Zwischen Karl Foerster und Gertrude Jekyll gibt es viele Übereinstimmungen bei der Farbgestaltung. Zum Beispiel setzten Jekyll und Foerster Weiß sparsam und gezielt in bunten Rabatten ein. Beide benutzten sowohl Komplementärkontraste als auch chromatische Harmonien für ihre Bepflanzungen. Foersters Vorliebe galt eindeutig den Komplementärkontrasten, während Jekyll eher dazu tendierte, Ton-in-Ton gehaltene Rabatten anzulegen.

Gestalt

Karl Foerster war einer der ersten Staudenzüchter bzw. Gartengestalter, der nicht nur die Farbaspekte der Pflanzen wahrgenommen hat, sondern sich auch der Wirkung von Konturen, Strukturen, Wuchsformen und Texturen bewusst war und diese gezielt einsetzte. Farbe, Größe, Kontur bzw. Struktur, Wuchsform und Oberflächenbeschaffenheit kennzeichnen die charakteristische Gestalt, den Habitus, einer Pflanze: „Jede Pflanze, die wir in einen Garten setzen, ist als lebendes und wachsendes Gebilde ein dreidimensionaler Körper unterschiedlicher Gestalt, mit verschiedenartiger, höchst variabler Außenhaut und Färbung. Die Struktur der Pflanze, der Aufbau ihres Zweigwerkes und dessen Verästelung zeigt eine jeweils an die Pflanzenart gebundene Ausbildung, die verschiedenen Baugesetzen folgt und zu einem Gerüst von außerordentlicher Feinheit und erstaunlicher Reaktionskraft führt. Das Pflanzenreich stellt dadurch dem Gartenarchitekten eine riesige Auswahl plastischer Gebilde zur Verfügung, deren Ausmaß vom kleinsten zierlichen Staudenpolster bis zu den gewaltigen Riesen der Parkbäume reicht.“ [113]

Textur

Wie differenziert der Blick auf die Gestalt der Pflanze ausfallen kann, zeigt Wolfgang Borchardt in dem Buch *„Pflanzenverwendung im Garten- und Landschaftsbau“*. Er definiert Kontur als „Silhouette“ oder als „Umrissbild“ einer Pflanze. Dabei unterscheidet er offene (z.B. *Picea)* und geschlossene Konturen (z.B. *Taxus baccata* 'Overeynderi'). Pflanzen mit geschlossener Kontur, besonders mit dunkler Laubfärbung, schreibt er dabei eine „schwere“ Wirkung zu. In diese Kategorie fallen die kugelförmigen Wuchstypen, wie z.B. *Thuja occidentalis* 'Globosa', die eiförmigen, z.B. *Thuja orientalis* 'Compacta', und die kegelförmigen, z.B. *Picea glauca* 'Conica'. Mit zunehmender Auflösung der Kontur werden die Strukturen der Pflanze deutlicher sichtbar. Sie bestehen aus Ästen, Zweigen, Stängeln, Halmen etc. An offenen Formen, z.B. durchsichtigen Baumkronen von laubabwerfenden Gehölzen, kann dies leicht nachvollzogen werden.

Sie können gröberer (z.B. *Ailanthus* – Götterbaum) oder filigranerer (z.B. *Sophora japonica* – Schnurbaum) Natur sein. Aber auch Flächenstrukturen, wie „farblich abgesetzte Rindenmuster“ (z.B. *Carpinus betulus* oder *Acer rufinerve)*, können bei einer offenen Struktur Aufmerksamkeit auf sich ziehen. Die charakteristische Wuchsform vieler Bäume, Sträucher und Stauden ruft gestalterisch eine unterschiedliche Wirkung hervor. Deshalb unterscheidet Wolfgang Borchardt richtungslose (z.B. als Kugel geschnittener Buxbaum) und gerichtete Wuchsformen. Die gerichteten Wuchsformen sind dabei nochmals in richtungsstarre (z.B. *Juniperus virginiana* 'Skyrocket') und richtungsbewegte (z.B. *Buddleja davidii)* Formen

Winterliche Struktur

unterteilt. Als Textur wird die sicht- und tastbare Oberflächenbeschaffenheit einer Pflanze definiert. Die Textur kann sich sowohl auf Einzelelemente, wie Blätter und Triebe, als auch auf die ganze Pflanze beziehen. [114]

Die Gestalt einer Pflanze hängt also von vielen Einzelelementen ab, die ihre Wirkung unterschiedlich beeinflussen und die der Gartengestalter gegeneinander abwägen kann. Für Foerster waren die Einzelelemente, welche die Gestalt einer Pflanze ausmachen, von untergeordneter Bedeutung. Für ihn war die Gesamtwirkung entscheidend. Deshalb können nur allgemein einige Hinweise darauf gegeben werden, wie Foerster „die Gestalt" der Pflanze in seine Überlegungen einbezogen hat.

Die Listen, die er zusammenstellte, geben einen Eindruck davon, wie er seine Beobachtungen in diesem Bereich systematisierte. Er stellte Listen von Gehölzen mit unterschiedlicher Wuchsrichtung zusammen. Er fasste z.B. Säulen- und Pyramidengehölze sowie Hänge- und Trauergehölze zusammen. Eine Rubrik befasste sich mit „linienschönen" Wintergehölzen. Darunter verstand er die unterschiedlichsten Laubbäume und Sträucher sowie große und kleine Nadelgehölze, die durch ihre Kontur, Struktur oder Wuchsrichtung eine besondere Wirkung hatten. Eine Rubrik befasste sich mit „rätselhaften Blumenformen", diese umfasste Pflanzen mit sehr ungewöhnlicher Kontur, Struktur oder Textur.

Foerster liebte Pflanzen mit „malerischer" Wirkung: „Der Begriff des Malerischen wird immer bedeutungsvoller auch für solche Pflanzen, die man bisher selten genug unter diesem Gesichtswinkel gesehen hat. Es ist schwer mit einem anderen Wort zu bezeichnen, wird aber von wachsender Bedeutung bleiben; im Grunde will es besagen, dass hier unsere gewohnten Gärtnerideale eine Ausweitung in der Richtung auf Vereinigung aller möglichen Einzelschönheiten mit der Freiheit und Kühnheit der Linienführung, Architektur und Proportioniertheit erfahren haben. Es gibt viele ‚schöne', aber durchaus unmalerische Dinge, denen hier ein wenig der Kampf angesagt wird." [115] Foerster erstellte Listen über Gehölze mit „Rindenschmuck und Zweigschönheit im Winter" und er listete ornamentale Stauden, Gehölze und Kletterpflanzen auf. [116] Ganz besonders deutlich wird aber Foersters Interesse an pflanzlichen Strukturen und Texturen an seiner Vorliebe für Farne und Gräser (siehe Seite 110) und an seiner Begeisterung für Disteln (z. B Edeldisteln – *Eryngium,* oder Kugeldisteln – *Echinops*). [117]

Kugeldistel, *Echinops*

Duft

Der Duft wird viel zu wenig bei der Auswahl von Pflanzen beachtet. Dabei haben Düfte eine ganz besondere Wirkung auf den Menschen. Die Duftwahrnehmung ist mit einem direkten Zugang zu dem für Gefühle zuständigen Teil des zentralen Nervensystems, dem limbischen System, verknüpft. Dadurch können Geruchserlebnisse lang zurückliegende Erinnerungen wachrufen. Diese Erkenntnis war zwar zu Zeiten Karl Foersters noch nicht wissenschaftlich bewiesen, jedoch war ihm die besondere Verbindung von Duft und Erinnerung bewusst. Im *„Blütengarten der Zukunft“* zitiert Foerster eine Passage aus Gertrude Jekylls Buch *„Wald und Garten“*, in der sie beschreibt, wie Duft Erinnerung auslöst: „Die Düfte aller dieser aromatischen Büsche, mancher von ihnen an trockenen und felsigen Orten in fernen und südlichen Breiten heimisch, rufen – weit deutlicher als es durch eine bloße, geistige Anstrengung des Gedächtnisses geschehen kann – Streifzüge vergangener Jahre in manch einem schönen, südlichen Lande zurück, […].“ [118]

Foerster war der Meinung, Duftpflanzen würden viel zu selten in der Gartengestaltung berücksichtigt:

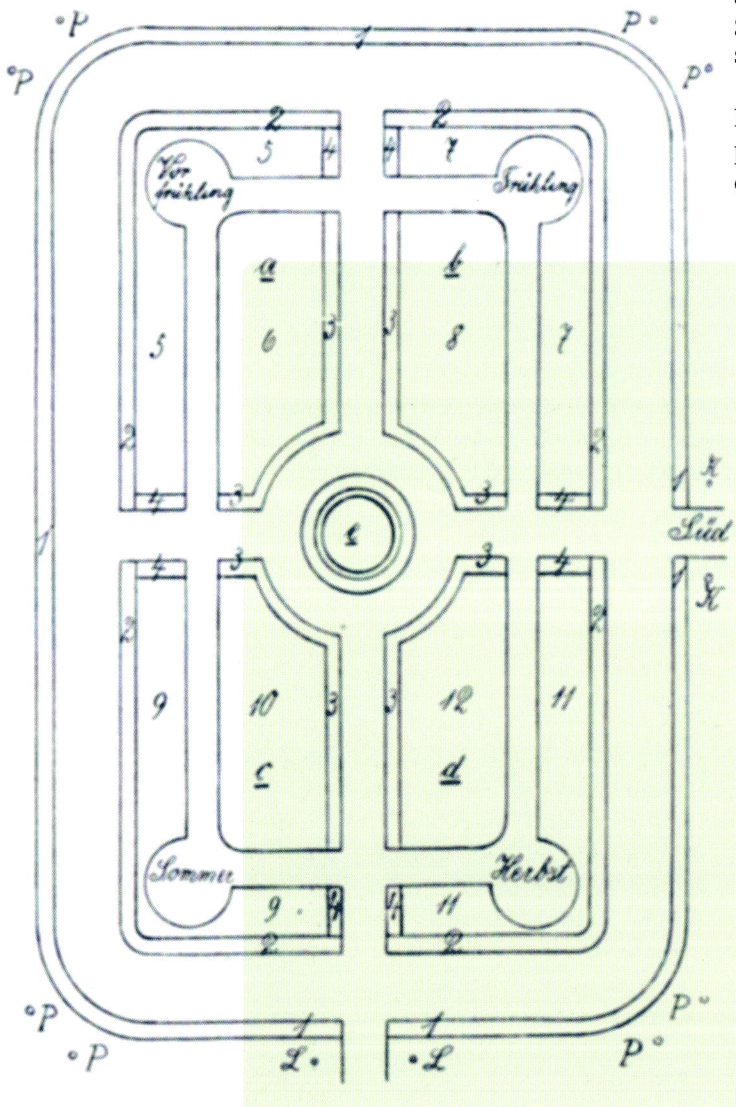

DUFTGARTEN

„Der Garten ist in vier Teile nach den Jahreszeiten gegliedert: (a) Vorfrühling, (b) Frühling, (c) Sommer, (d) Herbst. In der Mitte befindet sich ein Becken (e). In den runden Eckplätzen sind Bänke gedacht. Ein lichter Laubengang aus weit auseinander gestellten Holzpfosten schließt das Ganze ein. Auf dem äußeren Beetstreifen (1) wird dieser mit *Rosa rubiginiosa*, der sechs Monate duftenden Schottischen Zaunrose, auf dem inneren Beetstreifen (2) mit den Jahreszeiten entsprechenden Rankgewächsen bepflanzt; die Beete darunter werden mit Augustaveilchen, die auch im Herbst noch einmal sechs Wochen lang duften, so locker besetzt, daß *Reseda* dazwischen Platz hat. Außerhalb des Laubenganges erheben sich an den Ecken je zwei *Populus balsamica* (P), den Südeingang flankieren zwei Kirschen (K), den Westeingang zwei Linden, *Tilia platyphyllos tomentosa euchlora* [sic] (L). Auf den Beetstreifen (3) an den beiden Mittelwegen stehen Hoch-

„Merkwürdigerweise wird bei der Auswahl der Pflanzen unserer Umgebung selten der Größe der Rolle Rechnung getragen, welche das ganze Duftwesen der Gärten tatsächlich in unserem Leben spielt. Die Erfüllung und Bereicherung unserer Gärten mit Trägern jener festlichen Duft- und Würzaura wird zu sehr den Geschenken des Zufalls überlassen, anstatt diesen Zufallsgeschenken gleich von vornherein eine viel breitere Basis zu bereiten.“ [119] Die Forderung nach der vermehrten Verwendung von Duftpflanzen findet sich in Foersters Texten immer wieder, meistens in Kombination mit Listen von duftenden Pflanzen. [120]

Foerster unterteilte die Duftpflanzen in „Umherdufter“, „Sonstige Duftpflanzen“ und „Pflanzen mit duftenden Krautteilen“. Unter „Umherduftern“ verstand er Pflanzen mit duftenden Blüten, deren Geruch besonders weit trägt, z.B. *Daphne mezereum* – der Gewöhnliche Seidelbast, *Lonicera x purpusii* – eine duftende Heckenkirsche, *Viburnum farreri* – der Duftende Schneeball. Unter „sonstigen Duftpflanzen“ sind die anderen blütenduftenden Pflanzen zusammengefasst, z.B. *Magnolia obovata* – die Honoki-Magnolie, *Chionanthus virginicus* – *der* Virginische Schneeflockenstrauch oder *Crataegus monogyna* – der Gewöhnliche Eingriffelige Weißdorn. „Pflanzen mit duftenden Krautteilen“ sind Pflanzen, deren Duft von den Blättern, dem Krautteil oder den Wurzeln ausgeht. Dazu gehören z.B. *Mentha x piperita* – die Pfeffer-Minze, *Melissa officinalis* – die Zitronen-Melisse und *Monarda didyma* – die Scharlach-Indianernessel. [121]

stammrosen: ‘General Friedrich’, ‘General Jacqueminot’, ‘La France’, ‘Dickson’, darunter *Heliotrop*, *Ageratum*, *Pelargonium*, auf (4) je ein ‘Konrad Ferdinand Meyer’ als Busch.

a) Vorfrühlingsecke

(2) Rankgewächse: *Rosa rubiginosa* [...], *Lonicera fragrantissima*.
(5) Sträucher: Seidelbast und zur Ausfüllung Frühlingssträucher, z.B. Fliederhochstämme.
(6) Stauden: Veilchen, *Crocus*, Hyazinthen, *Monarda*, *Arabis*, *Muscari*, Kaiserkronen dazu Sommerblumen.

b) Frühlingsecke

(2) Rankgewächse: Glycine, *Clematis montana perfecta* [sic], *Lonicera caprifolium praecox* [sic].
(7) Sträucher: Eberesche, Akazie, Faulbaum, Flieder (Hochstämme), *Azalea pontica* und [*Azalea*] *mollis*, *Spiraea van houttei* [sic], *Viburnum carlesi* [sic], Weichselkirsche, Weißdorn, duftende Rhododendron.
(8) Stauden: Tulpe ‘Gelber Prinz’, *Primula elatior veris* [sic], Straußnarzissen, dazu Goldlack, Stiefmütterchen.

c) Sommerecke

(2) Rankgewächse: Rose ‘Augenschein’, ‘Thalia’, ‘Gruß an Zabern’, ‘Oriole’, ‘Aglaia’; wohlriechender Wein [Anmerkung: gemeint ist *Rosa rubiginosa*].
(9) Sträucher: Ölweide *Elaeagnus orientalis*, Kanadischer Holunder, *Rosa spinosissima altaica* [sic], [*Rosa*] *pimpinellifolia*, [*Rosa*] *britzensis*, [Rosa] *centifolia major* [sic], *R. rugosa*, ‘Parfum de l’Hay’, ‘Zeimet’, ‘Leonie Lamesch’, Jasmin *Philadelphus microphyllus*, [*Philadelphus*] *pubescens*, [*Philadelphus*] *coronarius semiplenus* [sic], [Philadelphus] Lemoine-Hybriden.
(10) Stauden: Weiße Lilien, *Phlox decuss*[*ata*] ‘Sommerkleid’, ‘Lassberg’, *Spiraea ulmaria* [heute: *Filipendula ulmaria*], Erdbeere ‘Ruhm von Machern’; dazu Sommerblumen: *Reseda*, Levkojen, Wohlriechende Wicken, *Alyssum* ‘Benthami’, *Mirabilis jalapa*, *Trifolium suaveolens*, *Nicotiana sanderae*, *Matthiola bicornis*, *Nycterinia capensis* [heute: *Zaluzianskya capensis*].

d) Herbstecke

(2) Rankgewächse: *Clematis paniculata* und *Buckaniana* [gemeint ist *Clematis buchananiana*]. (11) Sträucher: Quitten, Rose ‘Katharine Zeimet’, *Buddleia magnifica* [sic], *Polygonum polystachyum* [heute: *Aconogonon polystachym*].
(12) Stauden: *Viola odorata* ‘Augusta’ und ‘Charlotte’, *Lilium auratum* und [*Lilium*] *lancifolium*, Herbstlevkojen, *Reseda* und die anderen unter (c) genannten Sommerblumen.

e) Am Becken

Stauden, deren Laub vom Frühjahr bis Herbst duftet: *Monarda* ‘Kalmiana’, *M. didyma*, Lavendel, Diptam, *Salvia officinalis*, *Ruta graveolens*, Pfefferminze.“ [123]

Eine besonders ausführliche Schilderung von Duftpflanzen ist im Folgeband des Bornimer Wegweisers *„Gartenfreude wie noch nie“* (1937) erschienen. Foerster erstellte eine Liste mit blütenduftenden Gehölzen, nach Farben geordnet, mit einer dazugehörigen Duftbeschreibung, um herauszufinden, ob es eine Abhängigkeit zwischen Blütenfarbe und Duft geben könnte. Die Untersuchung ergab, dass dies nicht der Fall ist. Er stellte jedoch fest, dass Pflanzen, die der gleichen Pflanzenfamilie (z.B. Lippenblütler) angehören, häufig auch ähnliche Düfte ausströmen. Da zu bestimmten Jahreszeiten gewisse Pflanzenfamilien vorherrschen, könne man, so Foerster, den Jahreszeiten auch gewisse „Dufteigentümlichkeiten“ zuordnen: „Im Frühling, zur Zeit der Blüte der Kreuzblütler, gibt es also diese eigentümlich leichten, honigduftenden Gerüche. Späterhin verliert sich die einheitliche Duftnote. Im Sommer herrschen oft volle, süße, fast pomadige oder obsthafte Düfte wie beim Phlox vor. Im Herbst, wenn die Familie der Korbblütler im Vordergrund steht, bewegen sich die Düfte vielfach wieder in einer anderen einheitlicheren Grundnote. Ihnen wohnt etwas inne, was man ‘erntig’ nennen kann; fruchthaft, nahrhaft, ölig und handfest duften die Korbblütler.

Foerster nimmt Dufteigentümlichkeiten wahr

Bei manchen Unterarten gibts Ausreißer aus der herben Sattheit der Düfte hinüber in Anklänge einer frühlingshaften, fast schmachtenden Süßigkeit, oft mit feinem Beiklang an Vanille, so bestimmte Amellusastern, Chrysanthemumsorten, Polygonum und Herbst-Clematis.“ [122] Foerster fiel auf, dass sich sowohl die Witterung als auch die Tageszeit auf die Duftintensität auswirken können. So benötige z.B. der Rittersporn ‘Arnold Böcklin’ (die vermutlich einzige duftende Ritterspornsorte) Hitze, um den Duft entfalten zu können. Wohingegen die Marienrose, *Calendula officinalis,* nur bei Feuchtigkeit dufte. Bei vielen Pflanzen ist, wie Foerster feststellte, die Duftintensität am Morgen geringer und steigert sich dann im Laufe des Tages. Die Tagfalterblumen duften z.B. erst am späten Nachmittag am stärksten. Die Nachtfalterblumen duften sogar erst abends, dann aber besonders intensiv.

1920 entwarf Foerster in der *„Gartenschönheit“* einen Musterduftgarten. Anhand dieses Beispieles lassen sich seine Vorstellungen von der Gestaltung eines Duftgartens gut ablesen (siehe Seite 52).

Astilboides tabularis
Tafelblatt

Licht

Die Veränderungen des Lichtes sind für die Wirkung einer Pflanze von entscheidender Bedeutung. Karl Foerster hat das Lichtspiel auf Pflanzen besonders intensiv wahrgenommen. Dies lässt sich sehr gut an seinen fotografischen Arbeiten festmachen.

Schon um 1899 fing Foerster an, Aufnahmen zu machen, zunächst im Garten der Sternwarte, dann in seiner Gärtnerei in Berlin-Westend und später in Bornim. Die frühen Bilder von Foerster zeigen einen sehr eigenen Stil mit einer „visuellen licht-

Ligularia dentata
Stern-Ligularie

und schattenbildenden Handschrift". [124] Foerster sagte selbst dazu: „Ich führte neue Arten des Photographierens herauf, mit dem Ziel, die edle Pflanze im Vordergrund des Bildes herrschend und doch gleichzeitig in ihrer Gartenrolle darzustellen." [125] Es lassen sich viele Textstellen Foersters anführen, in denen er die Lichteinflüsse auf verschiedene Pflanzen beschrieb: „Kein Maler, höchstens ein Farbenphotograph, kann Begriffe vom Wandel der Beleuchtungsreize vermitteln, die all diese frühen Blumensterne im zarten Fiederlaub, diese Trupps weißer, übereinandergebauter Krokusflammen, von schwarzblauen Irisflammen überragt, diese Nester farbig-platzender Knospen und moosgebetteter Kelche von morgens bis abends durchmachen. Immer wieder trifft man das Auge bei neuer Empfänglichkeit für

Gräser im Lichtspiel

seltsame oder feierliche Farben und ihre Licht- und Schattenantworten, über die noch keine Gartenmenschen die Köpfe zusammensteckten!" [126] Folglich fasste Foerster in seinem Buch *„Lebende Gartentabellen"* die Pflanzen zusammen, die sich nach seiner Meinung besonders schön im Lichtspiel verändern. An erster Stelle steht auch hier der Rittersporn. [127] Im Zusammenhang mit der Beschreibung der „Lichtoffenbarung" am Rittersporn äußerte Foerster, in einem guten Garten sollte es Licht- und Schattenelemente geben, um unterschiedliche Beleuchtungsreize für die entsprechenden Pflanzen zu schaffen. [128] Neben dem Rittersporn liebte Foerster das Lichtspiel der Gräser, besonders das Glitzern des Morgentaus auf ihren Blattspreiten.

Bewegung

Für den streng architektonischen Garten ist „Bewegung" kein Gestaltungsgesichtspunkt, weil er in seiner Form festgelegt ist. In der „Wildnisgartenkunst" ist Bewegung jedoch ein wichtiger Aspekt, um dem Garten eine gewisse Lebendigkeit zu geben. Foerster liebte die Bewegung der Pflanzen im Wind. Er beschrieb, wie sich unterschiedliche Bäume, wie z.B. Douglasfichten, Trauerweiden, Birken und Zitterpappeln im Wind bewegen. Ganz außerordentliche Wirkung entfaltet der Wind bei Stauden und speziell bei Gräsern, da schon ein kleiner Windhauch genügt, um eine Bewegung auszulösen. Foerster war sich dieser Wirkung bewusst und beschrieb sie anschaulich: „Gräser schwelgen gern im Wind, Farne lieben träumerische Stille. Die hohen und die kleinen Gräser bringen viel Bewegung in das Gartenjahr durch ihre Dauerblüher, Taufänger oder Verwandlungskünstler oder durch noch andre Zauberspiele dieses Reiches." [129]

Foerster hob die Wirkung einzelner Gräser im Wind hervor: „Wie schön wehen im leichten Wind die Horste des hüfthoch aufwallenden Reihenfedergrases [*Calamagrostis x acutiflora*]! Wie reizvoll ist das mannshohe blonde Gewoge der Blütenhalme des Blaustrahlhafers [*Helictotrichon sempervirens*] über seinen dichten hellblaugrünen Farbenflächen." [130] „Vier hohe Büsche des Eulaliagrases [*Miscanthus sinensis 'Gracillimus'*] rings am Wasserbecken gehorchen jedem Windhauch so gehorsam wie Tänzerinnen der Musik." [131] Besonders faszinierend empfand Foerster Gräser im Zusammenspiel mit Wind, Tau und Licht: „Manche Gräser feiern noch im Spätherbst Orgien von Taugefunkel; groß sind hierin das Lampenputzergras [*Pennisetum alopecuroides*] und das Eulaliagras [*Miscanthus sinensis 'Gracillimus'*]. Die Tropfenmassen schillern bunt, wenn sie ein leiser morgendlicher Lufthauch fasst, und dampfen, wenn sie der erste Strahl der Morgensonne trifft." [132]

Gräser im Windspiel

Ästhetik der Pflanzenkomposition

Zur Gartengestaltung gehört das Herstellen einer Ordnung, die nach bestimmten Prinzipien und mit besonderen Ordnungsmitteln erreicht werden kann. Gestalten und Ordnen sind zwei eng miteinander verbundene Prozesse. Erst durch die Schaffung von Raum- und Flächenstrukturen werden Gestaltungsabsichten und Freiraumfunktionen sichtbar. Dabei ist es wichtig, Pflanzen so anzuordnen, dass sie sich in ihrer Wirkung nicht stören oder aufheben, sondern bestenfalls in ihrer Wirkung steigern. Als Hauptordnungsmittel nennt Foerster die Verwendung wiederkehrender und gegensätzlicher Elemente: Rhythmus und Kontrapunktik, beides Begriffe, die aus der Musiktheorie entlehnt sind.

Rhythmische Pflanzung mit *Phlox* in Potsdam, um 1960 aufgenommen

Rhythmus

In der Musik charakterisiert der Rhythmus ein wesentliches Strukturelement, welches eng mit der Melodie und Harmonie verknüpft ist. Mit Hilfe des Rhythmus wird der zeitliche Verlauf von Klangereignissen gegliedert und geordnet. Durch Abwandlungen des Rhythmus, z.B. durch wechselnde Akzentuierungen und Klangfarben, unterschiedliche Tonlängen, Tempo- und Lautstärkeveränderungen entsteht eine musikalische Vielfalt.

Für die Gartengestaltung charakterisierte Foerster den Rhythmus so: „Der Rhythmus macht aus wenig viel. Wer ihn im Garten verwendet, sorgt am besten für veränderte Wiederholungen, so daß sich also die gleiche Grundgestalt in gleichmäßigen oder irgendwie rhythmisierten Abständen, aber in den einzelnen rhythmischen Pfosten mit anderen Farben und Sorten und anderer Verteilung und Auswertung der Blütezeiten wiederholt.“ [133] Karl Foerster setzte sich für eine klare rhythmische Gliederung einer Pflanzung ein, wollte jedoch durch die Benutzung ähnlicher, aber unterschiedlicher Arten und Sorten, eine schematische Wirkung vermeiden.

Der Rhythmus macht aus wenig viel

Noch deutlicher wird Foersters rhythmisches Gestaltungsverständnis in der folgenden Textpassage: „Pflanzt man also zehn kleine Trupps von Staudenphlox, so sollte jeder Trupp aus anderen Sorten zusammengesetzt sein. Ist das Grundgerüst solcher Rabatten von rhythmischer Anordnung klar und fest genug, so kann man natürlich dazwischen auch allerlei unregelmäßige Einsprengungen von Pflanzen wagen, die gerade hierfür geeignet sind. Die Ordnung haltenden, Arbeit sparenden Kräfte des Rhythmus können im Garten nicht hoch genug geschätzt werden, langweilende Rhythmen aber nicht genug von interessanten und lebensvollen unterschieden werden.“ [134]

Foerster sah die grundsätzliche Notwendigkeit, einer Pflanzung ein rhythmisches Gerüst zu geben. Die gerüstbildenden Pflanzen sollten „dominierende Stauden“ [135] sein, d.h. Stauden, die durch besondere Eigenschaften ins Auge fallen. Dies Grundgerüst sollte durch weniger auffallende Stauden ausgefüllt werden, die auch unregelmäßig verwendet werden könnten.

Richard Hansen übernahm dieses Gestaltungsverständnis von Karl Foerster. Dabei prägte er für die gerüstbildenden, dominanten Stauden den Begriff „Leitstauden“. Eine Staude erweist sich bei ihm als „Leitstaude“, indem sie sich durch ihre „ausgeprägte Gestalt“, ihre „auffallende Blütenfarbe“ und ihren großen „Blütenreichtum“ von Stauden niederen Ranges absetzt. Auch das Verständnis der rhythmischen Verwendung von Pflanzen ist bei Foerster und Hansen identisch. Hansen und Foerster sprachen sich dafür aus, bei der rhythmischen Wiederholung der Leitstauden die Abstände zu variieren und unterschiedlich starke Pflanzengruppen und -tuffs zu formieren sowie weitere Sorten der Art und andere Farben einzustreuen. [136] Aktuelle namhafte Bepflanzungsplaner, wie z.B. Hans Simon und Urs Walser, vertreten ähnliche Positionen zur rhythmischen Verwendung von Stauden.

Foerster bezog die rhythmische Verwendung von Stauden nicht nur auf besonders reich und lang blühende Blütenstauden, sondern auch auf „Strukturpflanzen“, Pflanzen mit einer „ausgeprägten Gestalt“. In seinem Buch *„Einzug der Gräser* *und Farne in die Gärten“* stellte er eine Liste mit Gräsern, Seggen, Simsen und Binsen zusammen, die sich besonders für eine „rhythmische Durchpflanzung“ von Staudenrabatten eignen, z.B. *Miscanthus sinensis* ‘Gracilimus’, *Miscanthus sinensis* ‘Strictus’, *Panicum virgatum* ‘Rotbraun’, *Panicum virgatum* ‘Rotstrahlbusch’. [137]

Kontrapunktik

In der Musiktheorie bedeutet Kontrapunktik, in einem mehrstimmigen Musikstück zu einer gegebenen Melodie eine oder mehrere Gegenstimmen bzw. im übertragenen Sinn die „Gegenstimme“ zu finden. Der Begriff Polarität hat in diesem Sinnzusammenhang dieselbe Bedeutung. Er steht für die Entfaltung einer Wesenheit nach zwei einander entgegengesetzten, aber sich ergänzenden Richtungen. Schon Goethe erkannte, dass das Gegenüberstellen unterschiedlicher Paare eine steigernde Wirkung hat. Er sprach von „Polarität und Steigerung“. [138]

Im Abschnitt Farbkompositionen (siehe Seite 46) wurden die bei Foerster verwendeten Farbkontraste beschrieben. Zusammenfassend sei hier nochmals seine Vorliebe erwähnt, polare Gegenpaare zu verwenden, am besten sogar Drei- bzw. Vierklänge. Im Hinblick auf kontrastierende Wuchsformen, Strukturen und Textu-

Kontrapunktik der Farben

Harfe und Pauke

KONTRASTPAARE

Als Beispiele geeigneter Kontrastpaare führt Foerster an:

- *Spartina pectinata* 'Aureomarginata' – *Hosta fortunei* 'Aureomaculata'
- *Helictotrichon sempervirens* – *Hosta sieboldiana* 'Elegans' – *Festuca amethystina*
- *Panicum virgatum* 'Strictum' – *Hosta plantaginea* 'Grandiflora'
- *Molinia caerulea* subsp. *altissima* – *Hosta elata*
- *Miscanthus floridulus* – *Astilboides tabularis*
- *Miscanthus sinensis* 'Strictus' – *Hosta fortunei* 'Semperaurea'
- *Calamagrostis* x *acutiflora* 'Stricta' – *Ligularia stenocephala*, *Ligularia wilsoniana*, *Ligularia* x *hessei*
- *Deschampsia cespitosa* – *Carex morowii* 'Variegata', *Luzula sylvatica*
- *Miscanthus sacchariflorus* 'Robustus' – *Rodgersia purdomii*
- *Pennisetum compressum* – *Stipa gigantea* – *Carex grayi* – *Hosta fortunei* 'Viridis'. [141]

ren lautete ein berühmter Leitsatz Foersters: „Eigentlich sollte das Gezitter der Gräser immer von ein paar breitblättrigen Nachbarpflanzen aufgefangen werden, gleich ob in architektonischen Gartenpartien oder Wildgartenpartien." [139] Karl Foerster beschrieb dieses Gegenpaar von Gräsern und Blattschmuckstauden, das er sehr häufig verwendete, mit dem aussagekräftigen Bild „Harfe und Pauke". [140]

Bei dieser Zusammensetzung wirken unterschiedliche Kontraste zusammen. Wie im Abschnitt über Wuchsformen bereits beschrieben (siehe Seite 49), können „richtungslose" und „gerichtete" Wuchsformen unterschieden werden. In diesem Sinn ist „Harfe und Pauke" ein Kontrast zwischen richtungslosen (Blattschmuckstauden) und gerichteten Wuchsformen (Gräsern). Es ist gleichzeitig aber auch ein starker Texturkontrast zwischen den schmalen, linearen Blättern der Gräser und den breiten, flächigen Blattformen der Blattschmuckstauden.

Weitere markante Kontrastpaare findet man in der Liste: „Wichtige Nachbarpflanzen für Farne". Er nennt dort Blumenzwiebeln, Gräser, Blattschmuck- und Blütenstauden, die man mit Farnen kombinieren kann. [142]

Als Wuchsformenkontraste empfahl Foerster ferner die Kombination von flachwachsenden Wachholdern und Säulenwachholdern. Für Staudenpflanzungen regte er an, „breitgelagerte Pflanzen" in Verbindung mit Rittersporn, Fingerhut und Malven zu pflanzen. Wobei er in diesem Kontext den Malven einen besonderen Reiz zusprach. [143] Natürlich verwendete Foerster nicht nur starke Kontraste. Er nutzte die ganze Bandbreite der Abstufungen von Struktur- und Texturkontrasten. Sehr gut ablesbar ist dies an den Pflanzungen des Steingartens seiner Bornimer Gärtnerei (siehe Seite 80). Es ist festzustellen, dass Foerster, ähnlich wie bei den Farben, die Harmonie der Ähnlichkeit einsetzte, seine Vorliebe galt jedoch eindeutig der Harmonie der Kontrapunktik.

Texturkontraste

Weitere Gestaltungsprinzipien

Nach Rhythmus und Kontrapunktik sind Foerster weitere ordnende Gestaltungsprinzipien wichtig: die Raumbildung durch Höhenstaffelung, die Beachtung der Pflanzdichte, die Berücksichtigung der Geselligkeit von Pflanzen und die jahreszeitlich bedingte Abfolge von Pflanzungen.

Foerster riet, unterschiedlich hohe Pflanzen einander zuzuordnen: „Die Verbindung von niedrig, hoch und mittelhoch bringt wieder einmal die dreifach größere Farbenmenge ins Auge als die Verwendung gleichhoher [Pflanzen].[...]. Die raumwirkenden Kräfte der Blütenpflanze und ihrer Nachbarn sind von den Raumaposteln noch gar nicht als ebenbürtig mit andern Raumbildnern des Gartens erkannt und benutzt worden.“ [144] Die Raumbildung durch die Pflanze war von entscheidender Bedeutung für Karl Foerster. Er empfahl, die „Einzelpflanzungen kulissenartig gegeneinander zu verschieben.“ [145] Dem entsprachen Hansens Ausführungen zu einem dreistufigen Höhenaufbau, der aus niedrigen, mittleren und hohen Arten bestehen sollte. Die unterschiedlich hohen Stauden sollten dabei abwechselnd vor- und zurücktreten.

Die Pflanzdichte betreffend war Foerster der Meinung, dass häufig zu eng gepflanzt wird, mit dem Resultat, dass sich die einzelnen Pflanzen oder Pflanzgruppen nicht ihren Möglichkeiten entsprechend entwickeln können. Deshalb riet Foerster zu weiteren Pflanzabständen. Er schlug vor, die Lücken mit Sommerblumen wie z.B. Dahlien auszufüllen. [146] Als Anhaltspunkt für die Verwendung der einzelnen Pflanzen gab er Listen mit beispielsweise schwach wachsenden, stark wachsenden und wuchernden Pflanzen heraus. [147]

Hansen vertrat ähnliche Ansichten. Für eine dauerhafte Pflanzung sei wichtig, eine nicht zu hohe Pflanzdichte vorzusehen. Um Bepflanzungsplanern Orientierungswerte bezüglich der Pflanzdichte zu liefern, stellte er zusammen mit Hermann Müssel und Rosemarie Weisse Listen auf, die Empfehlungen über die Stückzahl pro Quadratmeter geben. Die Listen sind zusätzlich unterteilt in „dauerhafte" und „rasch wirksame" Pflanzungen. Die Angaben für die rasch wirksamen Pflanzungen, die eine höhere Pflanzdichte aufweisen, beziehen sich dabei auf Pflanzungen wie z.B. bei Landes- und Bundesgartenschauen, die schnell optisch ansprechend wirken sollen, aber nicht auf eine lange Lebensdauer ausgelegt sind. Hansen wies darauf hin, dass die Stückzahlen nur als Orientierungswerte dienen sollen, da Pflanzenqualitäten, Benachbarung, Standort- und Umweltverhältnisse immer wieder andere Wuchsverhältnisse hervorbringen und sich deswegen keine absoluten Werte ermitteln lassen. [148] Zur Geselligkeit von Pflanzen findet man bei Foerster zwar häufig Hinweise, ob z.B. Pflanzen sich als "Solitär" oder als „bodendeckende" Pflanzen eignen und ob sie „in Massen" verwendet werden können, konkreter wird er aber nicht. [149] Genauere Angaben zum Thema Geselligkeit finden sich bei Hansen. In den Listen mit den Hinweisen zur Pflanzdichte wird auch die Geselligkeit der Pflanze vermerkt.

GESELLIGKEITSSTUFEN

Hansen unterschied dabei folgende Geselligkeitsstufen:

- **Geselligkeitsstufe 1:** In einzelnen oder kleinen Tuffs, 1–3 Pflanzen
- **Geselligkeitsstufe 2:** In kleinen Trupps von etwa 3–10 Pflanzen
- **Geselligkeitsstufe 3:** In größeren Gruppen von etwa 10–20 Pflanzen und mehr
- **Geselligkeitsstufe 4:** In größeren Kolonien, ausgesprochen flächig
- **Geselligkeitsstufe 5:** vorwiegend großflächig. [150]

Mit Blick auf stark wurzelnde Stauden, wie Phlox oder Aster, empfahl Foerster die Anordnung der Staudengruppen in Form eines „gleichschenkeligen Dreiecks oder eines weitläufigen Sterns". Er war der Meinung, dass die so gepflanzten Gruppen nicht so stark zur Wurzelverfilzung neigen, dauerhafter optisch ansprechend wirken und leichter zu düngen und zu wässern sind. [151]

Aufgrund der Auswertung der Pflanzpläne aus der *„Gartenschönheit"* von 1920 – 1930 kann zumindest über die frühe Phase seines Schaffens gesagt werden, dass Foerster eher kleinere Tuffs von Pflanzen (siehe Seite 70) bevorzugt einsetzte.

Dies hängt sicherlich mit seiner Neigung zusammen, möglichst viele unterschiedliche Arten und Sorten zu verwenden, um so die Blütezeit zu verlängern. Es ist zu vermuten, dass er – ähnlich wie Jekyll – große verblühte Flächen vermeiden wollte. Für Gertrude Jekyll war die Anordnung der Pflanzen in schmalen, lang gestreckten Gruppen charakteristisch. Sie prägte dafür den Namen *„Drifts"*. Jekyll war der Ansicht, dass eine streifenförmige Pflanzenanordnung malerisch wirkt und verblühte, unansehnliche Pflanzen auf diese Weise weniger wahrgenommen werden. [152]

Grundsätzlich vertrat Foerster die Auffassung, dass es sinnvoll wäre, Pflanzungen nach Jahreszeiten aufzugliedern: „Der Staudenfreund soll von derselben Gartenpartie nicht ein zu langes Blühen verlangen, sondern lieber Zusammenfassungen nach Jahreszeiten und anderen Gesichtspunkten vorziehen. Wird aber einer Staudenrabatte dennoch eine Jahresleistung übertragen, so hilft man sich durch außerordentlich sinnfällige, klare und rhythmische Gliederung." [153] In seinem Bornimer Garten bepflanzte er den Steingarten in enger jahreszeitlicher Abfolge und prägte dafür die berühmt gewordene Einteilung nach den „sieben Jahreszeiten". In der Jahreszeitenrabatte sah Foerster nicht nur optische Vorteile, sondern er sprach ihr einen geringeren Pflegeaufwand zu. [154] Für Gertrude Jekyll war der Wechsel der Jahreszeiten genauso bedeutend wie für Foerster. In ihrem Buch *„Wald und Garten“* hielt sie für jeden Monat ihre Erlebnisse aus ihrem Garten fest. Sie gestaltete mit Vorliebe Jahreszeitenpflanzungen mit einer Hauptblütezeit von etwa ein bis drei Monaten. Sie vertrat die Meinung, dass Rabatten mit ganzjährigem Blütenschmuck meistens unbefriedigende Lösungen hervorriefen. [155]

Gärten für intelligente Faule

„Die Natur hat lieber jemanden, der sich mit einem fruchtbaren Garteneinfall von der Hängematte erhebt, als jemanden, der den ganzen Tag ohne Einfall im Garten umherrast.“ [156]

Als einer der ersten Gartengestalter Deutschlands beschäftigte sich Foerster systematisch mit der Frage, wie sich die Gartenpflege reduzieren ließe. Überlegungen dazu waren ein zentraler Teil seiner Planungsphilosphie. Rudolf Borchardt schrieb 1925 in einem Artikel: „Wenn Garten und Blume Luxus und Spielerei sind – dieser Gedanke, wenn auch unausgesprochen, steht über Karl Foersters gesamter Propaganda –, so wollen wir sie sofort abschaffen.“ [157] Für Foerster war der Garten nicht Beiwerk, sondern Teil des Lebens. Er wollte die mechanische Gartenarbeit reduzieren, um sinnvollere und Kräfte aufbauende Tätigkeiten zu ermöglichen. Auch Menschen mit geringen finanziellen Mitteln, mit wenig Zeit und Gartenwissen und von „zarteren“ Körperkräften sollte der Garten zugänglich gemacht werden. [158]

Deshalb schrieb Foerster 1925 den vielbeachteten Gartenartikel *„Blumengärten für intelligente Faule“,* in dem er die Möglichkeiten einer Pflegereduktion skizzierte. [159] Foerster sah folgende Möglichkeiten, die Pflegearbeiten im Garten zu verringern: Bäume, Sträucher und Stauden sollten nicht zu dicht gepflanzt werden, um unnötige Schnittmaßnahmen zu vermeiden und eine ungehinderte Entwicklung der Pflanze zu erreichen. [160]

Es sollten pflegeleichte Pflanzen verwendet werden, die er in seiner unnachahmlichen Weise als „Ordnungshelden“ und „Dauersieger“ bezeichnete. Entsprechend sah er die Hauptaufgabe von Pflanzenzüchtern darin, Pflanzen „Ordnungsfehler abzugewöhnen“.

Im Hinblick auf eine Pflegereduktion war es Foerster wichtig, auf die Wuchsdynamik der Pflanzen zu achten und bei der Benachbarung Pflanzen auszuwählen, die sich möglichst „im Gleichgewicht halten“. [161]

Es war für ihn aber auch aus ästhetischen Gründen von Belang, die richtigen Nachbarpflanzen auszuwählen, da die einen unschöne Aspekte der andern überspielen können. Ein Beispiel kann dies verdeutlichen: *Iris sibirica* ist ein guter Partner für *Iris x germanica,* da sie „als Partner der *germanica* [sic] besonders bei Streifenpflanzungen über deren Starre und Schwere hinweghilft. Sie hilft ihr auch nach der Blüte über die Schwere und oft eintretende Gelbspitzigkeit der Blätter hinweg. Schnitt man oft früher an den gelben Spitzen der *Iris* x *germanica*-Säume herum, so machen dies jetzt rhythmisch eingesprengte *Iris sibirica*-Büsche mit

Pflegeleichte Unterpflanzung mit *Fragaria vesca*, der Wald-Erdbeere

ihren leichten, üppigen Grasbüschen gefühlsmäßig unnötig." [162] Verblühte Pflanzen, meinte Foerster, könnten bei günstiger Nachbarschaft durchaus reizvoll sein: „Manchmal kann sogar wochenlang nach dem Verblühen das Zusammenwirken der erloschenen, in Frucht stehenden oder schon fruchtlos gewordenen Blütenstände von eigentümlich morbidem Reize sein. In dieser Art fiel mir wochenlang eine kleine Gruppe völlig verblühender Blauschleier neben Zwerggoldruten, Sommersteinrich, Heidegünsel und *Santolina chamaecyparissus* auf." [163] In diesem Kontext betonte Foerster immer wieder, dass durch eine rhythmische Grundstruktur von Leitstauden bzw. Strukturpflanzen eine grundsätzliche Ordnung zu erreichen sei, welche die Pflegenotwendigkeit reduziere (siehe auch Seite 61).

Eine Schlüsselposition in der Frage um Pflegeerleichterungen nimmt bei Foerster die standortgerechte Verwendung von Pflanzen ein, das heißt er rät dazu, Pflanzen so einzusetzen, dass sie optimale Lebensbedingungen vorfinden. Dieser Ansatz

des pflegeleichten Gartens Foersters fand sich schon in Robinsons „Wildnisgartenkunst“: Die Verwendung von robusten Pflanzen, die sich an ihrem Standort möglichst selbst erhalten (siehe Seite 16). [164]

Folgende Beispiele verdeutlichen die Verringerung des Pflegeaufwands durch die standortgerechte Verwendung von Pflanzen: „Pflanze mal zur Probe dicht auf die Südseite einer Iberiskante [sic] eine höhere Staude. Du hättest an dieser Kante im Frühling darauf nichts zu putzen und zu pflegen, wenn nicht der höhere Nachbar die eine benachbarte Iberispflanze zu einem kleinen struppigen, braunen Geschöpf gemacht hätte. Sie will in der Sonne braten. Die Phloxreihe auf der Sonnenseite des Gartens besteht aus den gleichen Sorten, wie die auf der ziemlich schattigen Seite. Die Sonnenseite bleibt straff und geordnet, auf der anderen sind sehr viele Phloxe neulich in den Trieben geknickt und liegen wirr durcheinander.“ [165]

Bei flachwurzelnden Gehölzen empfahl Foerster Wurzelsperren aus Dachpappe oder Beton, um die Unterpflanzung zu vereinfachen. [166] Generell befürwortete er, freie Flächen möglichst mit Bodendeckern zu begrünen, um die Ausbreitung von Unkräutern zu verhindern. [167] Auch Robinson empfahl schon, so vorzugehen [168]. Diese Philosophie ist auch in Foersters eigenem Bornimer Garten abzulesen. [169]

Im Vergleich mit aktuellen pflegeleichten Staudenpflanzungen, erscheinen die Pflanzungen Karl Foersters heute als relativ pflegeintensiv. Die Entwicklung der Staudensortimente ist vorangeschritten, sodass heutzutage wesentlich pflegeleichtere Stauden zur Verfügung stehen.

Foerster will den Pflegeaufwand verringern, vor allem durch eine standortgerechte Verwendung von Pflanzen

Die Gestaltungsprinzipien, die Foerster für den pflegeleichten Garten aufstellte, haben jedoch noch immer Gültigkeit. Richard Hansen hat sie in sein Buch *„Die Stauden und ihre Lebensbereiche“* aufgenommen. Dabei hat er die „standortgerechte Verwendung“ von Pflanzen weitergeführt und ein System entwickelt, nach dem man die einzelnen Pflanzen Lebensbereichen zuordnen kann.

Wolfgang Oehme, heute einer der einflussreichsten Gartengestalter der USA, der „naturnahe“ Gestaltungsideen realisiert, bezieht sich bei der Planung seiner Pflanzungen ausdrücklich auf Karl Foersters Gestaltungsprinzipien. Er erreicht jedoch einen reduzierten Pflegeaufwand durch den flächigen Einsatz von Stauden, während Foerster eher zu kleinteiligen Pflanzungen neigte. [170]

Vielfach wird die Frage aufgeworfen: Wie passt es zusammen, dass Foerster sich einerseits für einen pflegeleichteren Garten einsetzte und sich andererseits besonders mit Prachtstauden-Züchtungen beschäftigte, die, wie beispielsweise *Delphinium* und *Phlox,* sehr pflegeintensiv sind? Für Foerster lag darin kein Widerspruch. Seinem Weltbild entsprechend sah er sich erst am Anfang eines langen Prozesses des Gartenfortschritts: „Niemals und nirgends brauchen wir auf eine Pflanzenart von vornherein und auf die Dauer zu verzichten. Die Disziplinierbarkeit der Pflanze geht ins Ungemessene. Der Wechsel nur weniger Zuchtgenerationen, ja oft nur einer einzigen, dem Zufall überlassenen oder in bestimmten Bahnen gelenkten neuen Generation verleiht einer Pflanze oft erstaunlichen Zuwachs an Lebenskräften oder Eigenschaften, welche sogleich den beklagten Unschönheits- und Unordnungsunfug abstellen. [171]

Marianne Foerster im Garten ihres Vaters zwischen „chinesischen Riesengräsern und Weidenblattsonnenblumen“ (vermutlich *Miscanthus floridulus* und *Helianthus salicifolius*)

Phlox paniculata 'Schneeferner', hohe Sorte mit herrlichen schneeweißen Blüten. Züchtung 1953

Foersters Pflanzpläne

Karl Foerster war ein Empiriker. Dies ist aus seiner Bepflanzungsplanung gut ersichtlich. Er stellte keine grafisch ausgefeilten Pläne her wie Gertrude Jekyll oder seine späteren Mitarbeiter Herta Hammerbacher und Hermann Mattern. Foerster probierte Pflanzkombinationen aus und empfahl die Zusammenstellungen, die sich bewährten. Sehr gut nachvollziehbar ist dies an seinem eigenen Garten in Bornim. Die meisten seiner Bepflanzungsvorschläge in seinen Büchern und Zeitschriftenartikeln sind Beispiele aus dem eigenen Garten, den er permanent veränderte (siehe z.B. *„Vom Blütengarten der Zukunft"* 1917 und die Zeitschrift *„Gartenschönheit"*). Leider gibt es nur sehr wenige Pflanzpläne von Foerster. Anscheinend hat er ab 1927 die zeichnerischen Arbeiten ganz Herta Hammerbacher, Hermann Mattern, Gottfried Kühn usw. überlassen. Einige Bepflanzungspläne hat Foerster von 1920 bis 1927 in der *„Gartenschönheit"* veröffentlicht. Anhand von vier ausgewählten Beispielen werden im Folgenden grundlegende Bepflanzungsaspekte Foersters aufgezeigt. Die Pläne spiegeln jedoch nur eine kurze Phase seines Schaffens wider. Beispielsweise spielen in dieser Zeit die Gräser und Farne noch eine untergeordnete Rolle. Viele der gartenwürdigen Gräser und Farne wurden von ihm selbst erst später selektiert, gezüchtet und erprobt. Foerster unterschied bei der Staudenverwendung die regelmäßige und die unregelmäßige Form der Bepflanzung. Einer regelmäßigen Form ist dabei „deutlich [der] Charakter des Gepflanztseins" anzusehen und nicht „des Gewachsenseins". [172] Diese Unterscheidung ist wichtig, weil Foerster den symmetrischen Rhythmus nur für regelmäßige Staudenanlagen nutzte. Je naturnäher seine Pflanzungen waren, desto variabler wandte er dieses Stilmittel an. Er veränderte dann unregelmäßig die Pflanzenabstände, die Farben und die Größe der Staudentuffs.

Die Nomenklatur von Pflanzen muss neuen wissenschaftlichen Erkenntnissen angepasst werden. Deshalb werden bei den Pflanzplänen Foersters die Hinweise auf veränderte Gattungs- und Artbenennungen ergänzt sowie abweichende Schreibweisen gekennzeichnet. Eine Überprüfung der Sorten ist in diesem Kontext leider nicht möglich.

PFLANZPLAN 1920

Dieses Beispiel für eine regelmäßige Staudenanlage zeigt, dass Foerster zu Beginn in seinen rhythmischen Gestaltungsvorstellungen noch sehr der Symmetrie verhaftet war. Die Pflanzung wirkt von ihrer Struktur her ornamental. Die Bezüge zur damals vorherrschenden Teppichgartenkunst sind deutlich zu erkennen. Typisch für Foersters Pflanzungen dieser Zeit ist die Einfassung mit einfachen oder doppelten Pflanzenreihen,

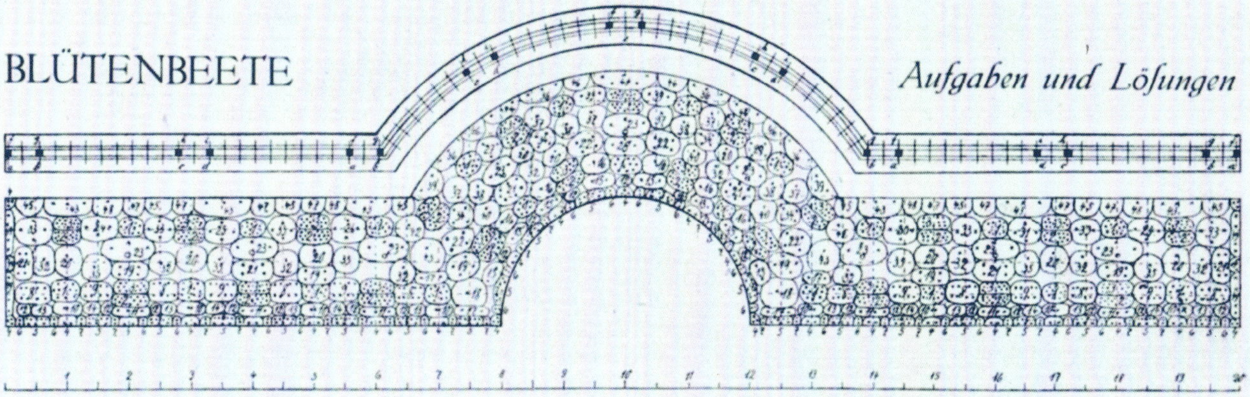

„Pflanzen

1. 21-mal Trupps von 8–10 Hyazinthen, abwechselnd in gelber, weißer, schwarzblauer und hellblauer Farbe.
2. Trupps von 12–15 mittelfrühen Tulpen, abwechselnd in den Farben Weiß, Gelb und Rosa.
3. Trupps von 15 Darwin-Tulpen, abwechselnd in den verschiedensten Sorten.
4. 27-mal je 2 *Iberis* 'Schneeflocke', vorn.
5. 22-mal je 3 Aubrietia [*Aubrieta*] 'Mules', vorn.
6. 92-mal abwechselnd je 2 und je 4 blaue *Iris* 'Cyanea'.
7. 88-mal abwechselnd je 2 und je 4 *Iris* 'Excelsa'. Die Gruppe zu zweit zwischen *Iberis* und Aubrietia [*Aubrieta*] die Gruppe zu viert dicht hinter den Aubrietien gepflanzt.
8. 8-mal Trupps von je 8 *Iris* in folgender Anordnung: Vordere Reihe: 'Rheintraube', 'Frithjof', 'Aurea', 'Helge'. Hintere Reihe: 'Frithjof', 'Rheintraube', 'Helge', 'Aurea'.
9. 8-mal Trupps von je 8 *Iris* in folgender Anordnung: Vordere Reihe: 'Castor', 'Pullach', 'Darwin', 'Florentina'. Hintere Reihe: 'Pullach', 'Castor', 'Florentina', 'Darwin'.
10. je 1 *Aster* 'Goethe' und 'Oktoberkind' in einem Pflanzloch.
11. je 3 *Phlox* 'Luise'.
12. 1 *Helianthemum* 'Rubin'.
13. 1 *Chrysanthemum* 'Mägdeblick'.
14. 1 *Chrysanthemum* 'Canaria'.
15. 8-mal Trupps von je 2 *Anchusa myosostidiflora* [heute: *Brunnera macrophylla*].
16. 6-mal 1 *Trollius* 'Orangekönigin'.
17. 4-mal 2 *Lychnis chalcedonica* [heute: *Silene chalcedonica*]
18. 2 *Salvia nemorosa*.
19. 6-mal Trupps von je 4 *Phlox* 'Snowdon'.
20. 8-mal 1 weiße Lupine.
21. 6-mal Trupps von je 10 *Iris* 'Chereau'.
22. 4-mal Trupps von je 4 *Iris sibirica*, je 1 [*Iris*] *trigonocarpa* [heute: *Iris prismatica*], 'Schneekönigin', [*Iris* x] *superba* [heute: *Iris* x *germanica*], [*Iris*] *sanguinea*.
23. 7-mal Trupps von je 3 Feuermohn [vermutlich: *Stylomecon heterophyllum, möglicherweise ist jedoch Papaver orientale gemeint*], davor eine Dahlie 'Weddigen'.
24. 4 *Phlox* 'Lassberg', 'Deutschland', 'Hindenburg', 'Stüben'.
25. 4 *Phlox* 'Campbell', 'Loki', 'Stüben', 'Lassberg'.
26. 4 *Phlox* 'Lassberg', 'Heutz', 'Rheinländer', 'Stüben'.
27. 4 *Phlox* 'Imperator', 'Königshofer', 'Lassberg', 'Stüben'.
28. 4 *Phlox* 'Stüben', 'Feuerbrand', 'Hochberg', 'Sommerkleid'.
29. 4 *Phlox* 'Dutrier', 'Lofna', 'Württemberg', 'Stüben'.
30. 4 *Phlox* 'Mercier', 'Buchner', 'Wanadis', 'Widar'.
31. 4 *Phlox* 'Buchner', 'Raleigh', 'Mercier', 'Immelmann'.
32. 10-mal je 1 Päonie, abwechselnd 'Wiesbaden', 'Festiva maxima', 'Charles Leveque'.
33. 6-mal Trupps von je 4 **Phlox** 'Wiking'.
34. 4-mal Trupps von je 4 **Phlox** 'Vollmöller'.
35. 6-mal 1 Schleierkraut – *Gypsophila paniculata* 'Flore Pleno'.
36. 4-mal Trupps je 1 *Rudbeckia* 'Goldball' und je 2 *Rudbeckia* 'Herbstsonne'.
37. 4-mal 1 *Helenium* 'Gartensonne'.
38. 4-mal 1 *Helenium* 'Goldlack'.
39. 2-mal 1 *Solidago* 'Shorti' [heute: *Solidago shortii*] und 1 *Solidago* 'Shorti praecox' [heute: *S. shortii* 'Praecox'].
40. 4-mal 1 Aster 'Blütenwolke'.
41. 2-mal Trupps von je 3 *Aster* 'Shortii' [heute: *Aster shortii*]
42. 2-mal 1 *Solidago aspera erecta* [heute vermutlich: *S. rugosa* subsp. *aspera*].
43. 6-mal Trupps von je 3 hohen Rittersporn in reinblauen Farben 'Capri', 'Perrys Favorit', 'Böcklin'.
44. 1-mal 5 Rittersporn 'King of Delphinium' und 2-mal je 3 'Lascelles'.
45. 8-mal 1 Dahlie 'Diplomat'.
46. 4-mal 1 Dahlie 'Gärtners Freude'.
47. 12-mal je 1 *Aster* 'Baumann' und *Aster tardiflora* [sic; *A. tardiflorus*; heute: *Symphyotrichum* x *tardiflorum*, Syn.: *Aster novi-belgii* var. *tardiflorus*].
48. 4-mal je 1 *Aster* 'Boltonia'
49. 4-mal Trupps zu je 4 *Euonymus*.

An der Pergola
Vorderseite:
a) Kletterrose 'Diabolo'.
b) Kletterrose 'Hiawatha'
c) Kletterrose 'Tausendschön'
d) Kletterrose 'Dorothy Perkins'
e) Kletterrose 'Blush Rambler'

Rückseite:
f) *Clematis montana* perf. [Sorte unbekannt]
g) *Clematis montana rubens* ([heute vermutlich: *C. m.* 'Rubens Grandiflora'].
h) *Lonicera praecox* [heute: *Lonicera elisae*]
i) *Clematis* 'Lasurstern', an mittlerem Verbindungsgitter von 1 m Höhe." [174]

in diesem Fall mit *Iberis*, *Aubrieta* und zwei unterschiedlichen *Iris*-Arten. Häufig verwandte Foerster zur Rahmung der Beete auch Buchsbaum. [173] In dieser Periode ist für Foerster der kleinteilige Umgang mit Staudentuffs und vielen unterschiedlichen Sorten charakteristisch. Dies wird in dieser Pflanzung an den vielen unterschiedlichen *Phlox*-Sorten deutlich. Eine Vorliebe Foersters bestand darin, Rittersporn in Trupps mit mehreren reinblauen Farbabstufungen zu pflanzen (siehe Position 43 des Plans). In der Mitte ist die langgezogene Rabatte ausgebuchtet, um einem Sitzplatz Raum zu geben. Eingerahmt ist die Pflanzung durch eine Pergola mit Kletterrosen an der Vorderseite und verschiedenen Clematis-Arten und -Sorten sowie *Lonicera* an der Rückseite. Pergolen sind ein beliebtes Stilmittel Foersters. Seiner Meinung nach sollten Staudenpflanzungen mit engem optischen Bezug zu Gehölzen oder architektonischen Elementen eingesetzt werden. Eine Staudenpflanzung sollte sich an diese Strukturen „anlehnen" können.

Die Hauptaspekte der Pflanzung im Jahresverlauf:

April: Hyazinthen, mittelfrühe Tulpen, Zwerg-Schwertlilien und *Iberis*. *Anchusa myosotidiflora* [heute: *Brunnera macrophylla*] Aubrietien [*Aubrieta*] und *Trollius*
Mai: Darwin-Tulpen und frühe *Iris* x *germanica*, *Phlox* x *arendsii*, Feuermohn [vermutlich: *Stylomecon heterophyllum*, möglicherweise ist jedoch *Papaver orientale* gemeint], späte *Iris sibirica*, *Clematis* und Geißblatt.
Juni: Rittersporn, *Phlox* 'Snowdon', *Helianthemum*, Rosen
Juli: *Phlox decussata*, *Gypsophila*, *Salvia nemorosa*
Aug.: Dahlien und Gladiolen, *Rudbeckia* 'Goldball', spät blühende Phloxe.
Sept.: September-Phloxe, Astern, Goldrauten [*Solidago virgaurea*], spät blühende Rudbeckien, *Helenium*.

1926

PFLANZPLAN 1926

Dies ist ein weiteres Beispiel für eine regelmäßig bepflanzte Rabatte. Wie im Bepflanzungsplan von 1920 ist die Pflanzung zweireihig mit *Iberis* und *Aubrieta* eingefasst. Hier wird sie ergänzt durch *Potentilla*, *Iris* und *Campanula*, die abwechselnd gepflanzt werden. Die Struktur ist ebenfalls kleinteilig. Es werden überwiegend Staudentuffs mit vielen verschiedenen Stauden-Sorten eingesetzt. War die zuvor angeführte Rabatte noch völlig symmetrisch, so sieht man anhand dieser Pflanzung, wie Foerster anfängt, mit dem Rhythmus zu spielen. Einige der Tuffs schiebt er nach vorne, andere lässt er zurückweichen. Außerdem variieren die Tuffs ein wenig in Form und Stückzahl.

Die Hauptaspekte der Pflanzung sind:

„April: *Scilla*, Trompeten-Narzissen, ab Mitte April *Iberis* und Aubrietia [*Aubrieta*], schwarzblaue Zwerg-Schwertlilien, rote, weiße und gelbe Tulpen
Mai: Anfang Mai große Schwertlilien in hellblau, gelb, schwarzblau und weiß, Darwin-Tulpen in zehn verschiedenen Farben, *Iris*, Ende Mai: Lupinen und Riesenmohne [unklare Bezeichnung, vermutlich: Türken-Mohn – *Papaver orientale*]
Juni und Juli: Hauptblüteaspekt der Pflanzung, verschiedene Rittersporne in Blau- und Weißtönen, *Phlox* in den unterschiedlichsten Farben, Dahlien in Weiß und Rot.
Aug. und Sept.: Alcaea [sic, *Alcea*], Nachblüte *Phlox* und Rittersporn, Rudbeckien, Gladiolen, im Vordergrund rote Potentillen [sic] in Kombination mit weißen *Campanula carpatica*. Ab September weiße Boltonien, *Aster cassabicus* [vermutlich: *Aster cassiarabicus*, jedoch ungeklärter Name].
Oktober: Chrysanthemen und Astern." [175]

Phlox paniculata 'Dorffreude', wüchsiger und standfester Bauerngartenphlox, kräftig rosa gefärbte Blüte mit rotem Auge. Züchtung 1939

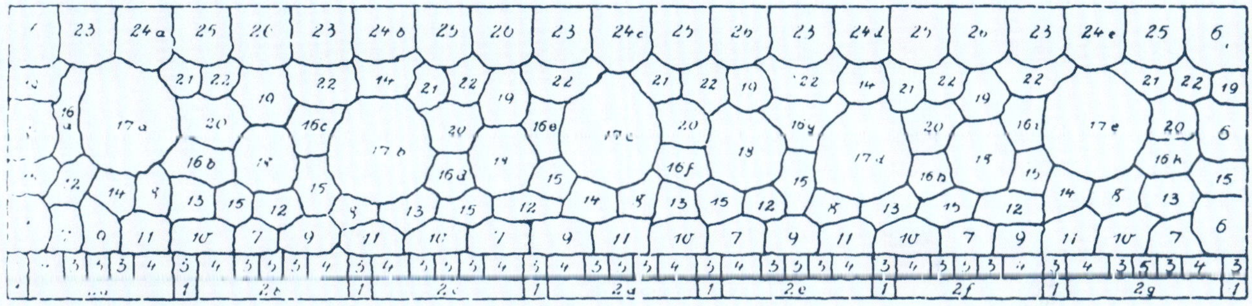

„Pflanzen

Die in Klammern stehenden Ziffern geben die Stückzahl der Sorten an.

1. *Ibris sempervirens* 'Weißer Zwerg' (8).
2. Aubrietia [*Aubrieta*] (42), einheitlich oder je 6 in den Sorten: a) 'Dr. Mules' b) 'Fire King' c) 'Lavender' d) 'Moerheimi', e) *tauricola* [Anmerkung unbekannt Art], f) 'Aubrey Prichard' g) 'Dr. Mules'.
3. *Potentilla* [...] 'Scarlet Pearl' oder [*P.*] *nepalensis* 'Miß Willmott' [heute: *P. nepalensis* var. *willmottiae* 'Miss Willmott'] (22).
4. *Iris pumila cyanea* [*I. p.* 'Cyanea'] (42), je 3 an 14 Plätzen.
5. *Campanula carpatica alba* [*C. c.* 'Alba'] oder *C. portenschlagiana alba* [*C. p.* 'Alba'] (7).
6. *Dicentra spectabilis* (6).
7. *Iris* x *germanica* 'Purple King' (18), je 3 an 6 Plätzen.
8. *Iris* x *florentina* (15), je 3 an 5 Plätzen.
9. *Iris interregna* 'Helge' [Anmerkung: unbekannte Art] (15), abwechselnd mit 'Fritjhof' (10), je 5 an 5 Plätzen.
10. *Iris* x *germanica* 'Mme. Chereau' (15), abwechselnd mit 'Ilsan' (10), je 5 an 5 Plätzen.
11. *Chrysanthemum indicum* 'Princess Juliana' (15), je 3 an 5 Plätzen.
12. *Aster amellus* 'Oktoberkind' (15), je 5 an 3 Plätzen.
13. *Aster cassubicus grandiflorus* [vermutlich *A. cassiarabicus* i.S., ungeklärter Pflanzenname] (15), je 5 an 3 Plätzen.
14. *Crocus speciosus* 'Aitchisoni' (30), je 10 auf 3 Plätzen.
15. Gladiolen (150), je 15 an 10 Plätzen.
16. Frühe Tulpen (150) und Darwin-Tulpen (150), je 15 an 10 Plätzen, so daß die frühen vorn, die Darwin-Tulpen dahinter stehen; von den frühen beispielsweise folgende Sorten: a) 'Artus', b) 'Gelber Prinz', c) 'La Reine', d) 'La Precieuse', e) 'Artus', f) 'Gelber Prinz', g) 'La Reine', h) 'La Precieuse', i) 'Artus', k) 'Gelber Prinz'.
17. Phlox paniculata; je / Pflanzen in einer Gruppe: a) 'Elisabeth Campbell', 'Antonin Mercier', 'Frau ant', 'Buchner', 'General van Heutsz', 'Sommerkleid', 'Widar', 'Wiking'; b) 'Deutschland', 'Hindenburg', 'Fräulein von Laßberg', 'Europa', 'Loki', 'Hans Vollmöller', 'Septemberglut'; c) 'Dr. Königshofer', 'Wanadis', 'Firmament', 'Sommerkleid', 'Sieger', 'Wiking', 'Marguerite Bouchon'; d) 'Imperator', 'U-Deutschland', 'Elisabeth Campbell', 'Europa', 'General van Heutsz', 'Wiking', 'Hans Vollmöller'; e) 'Württembergia', 'Lord Raleigh', 'Sommerkleid', 'General van Heutsz', 'Wiking', 'Septemberglut', 'Marguerite Bouchon'.
18. *Delphinium cultorum*, 4 Plätze mit je 3 Pflanzen in den Sorten 'Arnold Böcklin', 'Capri' und 'Moerheimi'.
19. Dahlien (18); 6 Plätze mit je 3 Stück und zwar in den Sorten 'Lola' (je 1) und 'Nebeltau' (je 2).
20. *Lupinus polyphyllus albus* ['Albus'] (5); je an 5 Plätzen.
21. *Leucanthemum* (Pyrethrum) *uliginosum* [heute: *Leucanthemella serotina*] Oktober-Margeruite [sic], (5); je 1 an 5 Plätzen.
22. *Althaea ficifolia* [*Alcea rosea* subsp. *ficifolia*] (9), je 1 an 9 Plätzen.
23. *Papaver orientale* (5); je 1 an 5 Plätzen.
24. *Delphinium cultorum* (5); je 1 an 5 Plätzen in den Sorten: a) 'King of Delphiniums', b) 'Corry', c) 'Wilhelm Storr', d) 'Lamartine', e) 'Donau'.
25. *Boltonia latisquama* [heute: *B. asteroides* var. *latisquama*] (5); je 1 an 5 Plätzen.
26. *Rudbeckia nitida* 'Herbstsonne' (4), je 1 an 4 Plätzen." [176]

1925

PFLANZPLAN 1925

Foersters bevorzugtes Gestaltungsmotiv war der Steingarten in regelmäßiger und unregelmäßiger Form. Der regelmäßige Steingarten war auch das prägnanteste Stilmittel der frühen Bornimer Schule (vgl. Seite 91). Das nachfolgende Beispiel ist eine üppig blühende, unregelmäßige Steingartenrabatte, die von Ende Mai bis Anfang August in Blüte steht. Die Pflanzung ist etwa 12 m lang und zusammen mit dem vorgelagerten Bachlauf 6 m breit. Die punktierten Linien markieren die Kante der verschiedenen Steinlagen. Die Sträucher sind durch Punkte hervorgehoben. [177]

Es ist nicht möglich, Foerster auf bestimmte Farbkombinationen festzulegen. Dazu ist das Spektrum an Pflanzen, das er verwendete, zu groß. Dennoch lassen sich anhand dieses Beispiels viele seiner Neigungen verdeutlichen. Foersters Vorliebe gilt der Kontrapunktik der Farben. Dies ist aus seiner Skizze ersichtlich, die zur Verdeutlichung nachkoloriert wurde. Foerster ist vor allem an den reinen Farben Blau, Gelb und Weiß interessiert, welche eine hohe Fernwirkung haben. In der Komposition überwiegen diese Farben. Die anderen Farben benutzte Foerster weniger häufig. Bei den Rottönen gilt seine Vorliebe den dunklen Varianten. Rosafarbtöne mit Gelb empfand Foerster als schwierige Kombination. Dementsprechend verwandte er sie in Pflanzungen nur sehr spärlich. Grüntöne in der Pflanzung waren für Foerster wichtig, um einen Ausgleich für die starken Farbkontraste zu schaffen. In dieser Periode verwandte er dafür häufig immergrüne Nadelgehölze. Sie bilden auch hier das Hauptstrukturelement. *Juniperus chinensis* 'Pfitzeriana' wird sowohl als Dreiergruppe als auch mehrfach als Solitär eingesetzt.

Eine weitere Dreiergruppe besteht aus *Chamaecyparis obtusa* 'Nana'. *Picea excelsa* 'Nana' [heute: *P. abies* 'Nana'] ist zweimal als Einzelelement gesetzt. *Juniperus chinensis* 'Aurea' und *Pinus montana* [heute: *P. cembra*] wurden jeweils als Solitär gepflanzt, wobei *Pinus montana* [heute: *P. mugo* subsp. *mugo*] einen Eckpunkt der Pflanzung bildet. Als weitere Gerüstbildner sind einige Gehölze wie *Cytisus* [x] *praecox* und *Acer palmatum* 'Rubrum' sowie *Berberis buxifolia* in der Fläche verteilt. In dieser Pflanzung verwendete Foerster das Stilmittel Rhythmus sehr unregelmäßig. Viele Pflanzen sind, in Gruppen verteilt, mehrfach in der Pflanzung zu finden, z. B. *Oenothera missouriensis* [heute: *O. macrocarpa*], *Campanula pusilla* [heute: *C. chochleariifolia*], *Helianthemum polyphyllum* 'Rosa Königin' [?] und besonders häufig *Iris pumila* 'Cyanea'.

Salvia nemorosa 'Mainacht', sehr frühe Sorte, blauviolette, verzweigte Blütenähren. Unermüdlicher Dauerblüher. Züchtung 1960

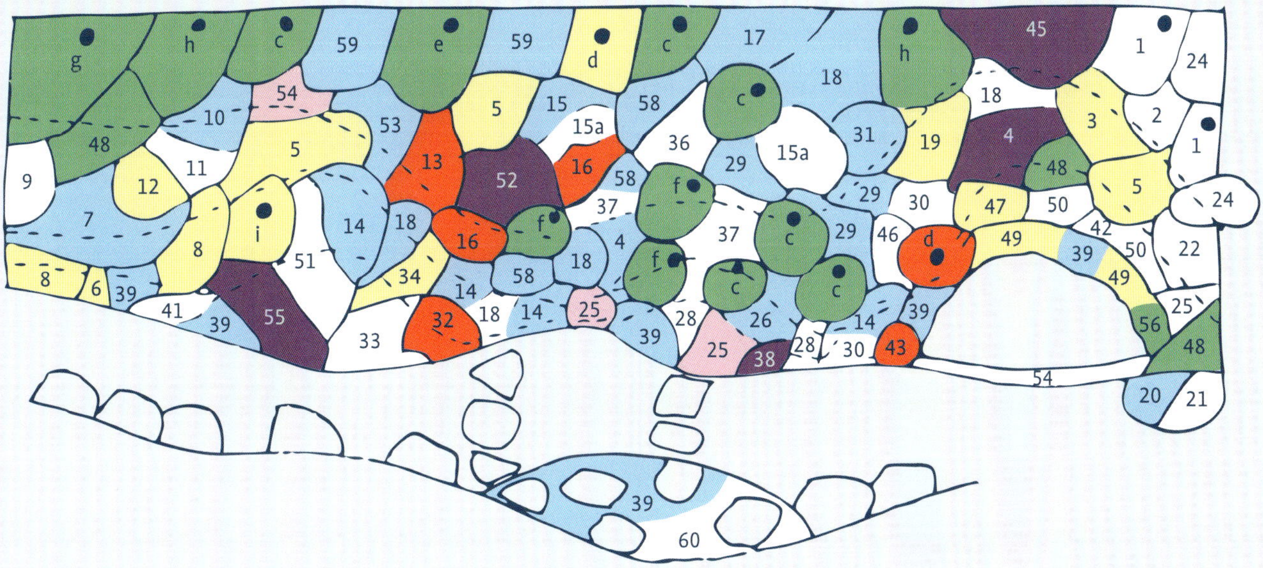

„**Pflanzen**
1. *Cotoneaster horizontalis*
2. *Ceratium columnae* [heute: *Cerastium tomentosum* subsp. *columnae*]
3. *Genista tinct.* Fl. Pl. [heute: *G. tinctoria* 'Plena']
4. *Campanula* [x] *pulloides*
5. *Oenothera missoriensis* [heute: *O. macrocarpa*]
6. *Santolina tomentosa* [heute: *S. pinnata* subsp. *neapolitana*]
7. *Erigeron speciosus* [vermutlich: var.] *semiplenus*
8. *Helianthemum* 'Bronce'
9. *Erigeron* 'Quakeress'
10. *Salvia nemorosa*
11. *Digitalis gloiniaeflora* 'Alba' [?]
12. *Verbascum* 'Caledonia'
13. *Thymus serphyllum* 'Coccineus'
14. *Campanula pusilla* [heute: *C. cochleariifolia*]
15. *Campanula carpatica*
15a *Campanula carpatica* 'Alba'
16. *Potentilla nepal.* [*nepalensis*] 'Miss Willmott' [heute: *P. nepalensis* var. *willmottiae* 'Miss Willmott']
17. *Delphinium chinense* 'Nanum' [heute: *D. grandiflorum* 'Nanum']
18. *Campanula pusilla* 'Alba' [heute: *C. cochleariifolia* 'Alba']
19. *Genista dalmatica* [heute: *G. sylvestris* var. *sylvestris*]
20. *Scutellaria baicalensis*
21. *Scabiosa caucasica* 'Alba'
22. *Alyssum rostratum*
23. *Campanula persicifolia* 'Die Fee'
24. *Spiraea filipendulina* fl. Pl. [heute: *Filipendula vulgaris* 'Plena']
25. *Helianthemum polyphyllum* 'Rosa Königin' [?]
26. *Veronica rupestris* [heute: *V. prostrata*]
27. *Linum narbonnense* [sic] 'Six Hills'
28. *Saxifraga cotyledon* 'Pyramidalis'
29. *Moltkia petraea*
30. *Heliosperma alpestre* [heute: *Silene alpestris*]
31. *Erynigium* [sic] *hybridum* 'Juwel'
32. *Hieracium* [x] *rubrum*
33. *Achillea argentea* [heute: entweder *Tanacetum argenteum* oder *Achillea clavennae*]
34. *Sedum spatulifolium*
35. *Dianthus cruentus*
36. *Chelone barbata* Hybride [heute: *Penstemon barbatus* subsp. *barbatus*]
37. *Dianthus* 'Zonatus'

In die Gruppe eingesprengt
38. *Campanula van Houttei* [*C.* x *vanhouttei*]
39. *Iris pumila* 'Cyanea'
40. *Campanula grandis*
41. *Sempervivum*
42. *Alsine laricifolia* [heute: *Minuartia laricifolia*]
43. *Incarvillea brevipes* [heute: *I. mairei* var. *mairei*]
44. *Scolopendrium vulgare* [heute: *Asplenium scolopendrium*]
45. *Rhododendron ferrugineum*
46. *Aethionema grandiflorum*
47. *Helianthemum*-Sorten
48. *Juniperus prostata* [heute: *J. prostrata* oder *J. horizontalis*]
49. *Lysmachia nummularia*
50. *Cotoneaster humifusa* [heute: *C. dammeri* var. *dammeri*]
51. *Scutellaria alpina*
52. *Dianthus giganteus*
53. *Lavendula* [sic] *vera* [heute: *Lavandula angustifolia*]
54. *Polygonum Bistorta superbum* [sic, heute: *Bistorta officinalis* subsp. *officinalis*]
55. *Sedum* 'Ewersi'
56. *Polystichum angulare proliferum* [heute: *Polystichum setiferum*]
57. *Sempervivum tomentosum* [heute: *S. arachnoidem* subsp. *tomentosum*]
58. *Liatris spicata*
59. *Geranium platypetalum*
60. *Epimedium*-Arten
61. *Wahlbergia mariesi* [heute vermutlich: *Silene marizii*]

Weitere, im Plan nicht mehr gezeigte Gruppierungen:

Lavendula [sic] *vera* [heute: *Lavandula angustifolia*]
Coreopsis verticillata
Alle *Helianthemum*-Sorten
Alsine laricifolia [heute: *Minuartia laricifolia*]
Ajuga reptans multicolor [*A. reptans* i.S.]
Campanula pusilla [heute: *C. cochleariifolia*]
Sedum sieboldii
Cerastium 'Columnae' [heute: *Minuartia laricifolia*]
Saponaria ocymoides
Saxifraga leptophylla [heute: *S. hypnoides*]

Gehölze
a) *Cytisus* x *praecox*
b) *Juniperus sabina tamericifolia* [heute: *J. sabina*]
c) *Juniperus chinensis* 'Pfizeriana'
d) *Acer palmatum* 'Rubrum'
e) *Juniperus chinensis aurea* [heute: *Juniperus chinensis*]
f) *Chamacyparis obtusa* 'Nana'
g) *Pinus montana* [heute: *P. cembra*]
h) *Picea excelsa* 'Nana' [heute: *P. alba* 'Nana']
i) *Berberis buxifolia*." [178]

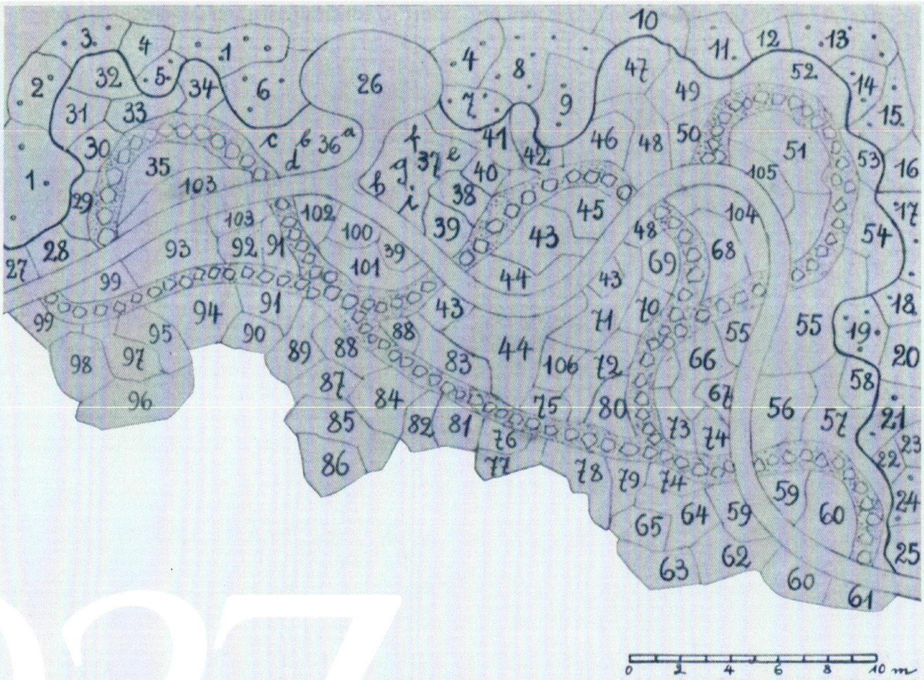

PFLANZPLAN 1927

Die vorhandene Fläche wird durch kleine Hügel und Mulden ungleichmäßig gegliedert. Insgesamt neigt sich das Gelände. Um eine Vorstellung davon zu bekommen, stellt man sich den unteren Teil der Abbildung als tiefer gelegenen Teil der Pflanzung vor.
Die Zahlen von 1–25 umfassen Sträucher und Gehölze mit schöner Herbstfärbung oder mit Fruchtschmuck. Der mit der Ziffer 26 markierte Bereich stellt eine niedrige Laube dar, die mit *Parthenocissus tricuspidata* 'Veitchii' und spät blühenden *Clematis* berankt ist. Der Hauptweg ist 80 cm breit. Die Pflanzung wird von mehreren Trittsteinpfaden durchzogen. Polsterstauden stehen entlang und zwischen den einzelnen Trittplatten. Sie sind mit vielen Herbstzeitlosen und Herbstkrokus in frühen und spät blühenden Sorten unterpflanzt.
Foerster schlug vor, die Zwischenräume zwischen den Sträuchern und Gehölzen mit einfach blühenden Dahlien, wie z.B. 'Lola', 'Nebeltau' und 'Fanal', zu füllen. Auch die Staudenfläche sollte lediglich locker bepflanzt werden, um ein späteres Umsetzen der Pflanzen zu vermeiden.
Die Lücken sollten hier durch Hyazinthen, frühe und späte Tulpen, Krokusse, Narzissen Schneeglöckchen, *Scilla* und *Chionodoxa* in größeren und kleineren Trupps bepflanzt werden. [179]

Anhand der unregelmäßigen Bepflanzungsplanung von 1927 lassen sich einige Kernpunkte von Foersters Gestaltungsverständnis verdeutlichen. Sie zeigt Elemente, die auch bei den Pflanzungen der Arbeitsgemeinschaft mit Hermann Mattern und Herta Hammerbacher immer wieder hervortreten. Da für Foerster der raumbildende Aspekt von Pflanzungen eine wichtige Rolle spielte, sollten Staudenpflanzungen möglichst immer in enger Verbindung mit Sträuchern oder raumbildender Architektur – wie z.B. Pergolen – stehen. Um die gezeigte Staudenpflanzung wurde ein Gerüst von Sträuchern angelegt, das nur an der Stelle unterbrochen wird, an der sich eine Laube befindet. Der Übergang von der Strauchpflanzung in die Staudenpflanzung wurde im Plan durch eine kräftige Linie gekennzeichnet. Typisch sind die vor- und zurücktretenden Staudengruppen, die in unregelmäßiger Form in die Rasenflächen hineinragen. [180] Entsprechend des naturnahen Charakters, zeigen die Staudenflächen unterschiedliche Größen und Formen und wurden mit Sträuchern durchsetzt. Neben dem Hauptweg, der sich durch die Staudenpflanzung schlängelt, gibt es mehrere kleine Nebenwege mit Trittplatten. Um die Pflege von großen Staudenflächen zu erleichtern, empfahl Foerster, sie mit kleinen Nebenwegen zu durchziehen. [181] In seinem Bornimer Senkgarten finden sich ebenfalls diese Nebenwege (siehe Seite 80).

„Pflanzen

1. *Viburnum opulus* (7)
2. *Parrotia persica* (2)
3. *Hippohae rhamnoides* (3)
4. *Acer ginnala*
5. *Cotoneaster dielsianus* (3)
6. *Berberis vulgaris* (3)
7. *Berberis thunbergi* [heute: *B. thunbergii*] (4)
8. *Cotoneaster multiflora* [heute: *C. mulitflorus*] (5)
9. *Crataegus monogyna* 'Coccinea' mit *Clematis vitalba* (je 2)
10. *Acer rubrum* (1)
11. *Amelanchier canadensis* (2)
12. *Crataegus mollis* (1)
13. *Euonymus europeus* (5)
14. *Ilex decidua* (2)
15. *Sorbus aucuparia* (3)
16. *Viburnum lantana* (1)
17. *Euonymus planipes* (3)
18. *Cotoneaster racemiflora soongarica* [heute: *C. racemiflorus* var. *soongoricus*] (2)
19. *Symphoricarpus racemosus* [heute: *S. albus* var. *albus*] (4)
20. *Acer pictum* (1) [heute: *A. mono* subsp. *mono* var. *mono*]
21. *Cornus florida* (2)
22. *Cotoneaster francheti* [C. franchetii] (1)
23. *Amelanchier botryapium* (1) [heute: *A. canadensis*]
24. *Callicarpa* 'Giraldiana' [heute: *Callicarpa giraldii*] (3)
25. *Cornus mas* (1)
26. Laubenberankung von *Clematis paniculata* und *Parthenocissus quinquefolia*

Staudenflächen

27. *Boltonia latisquama* [heute: *B. asteroides* var. *latisquama*] (3)
28. *Aster* 'Lil Fardell' (3)
29. *Aster tardiflorus coeruleus* [heute: *Symphyotrichum* x *tardiflorum*, Syn.: *Aster novi-belgii* var. *tardiflorus*] (4)
30. *Aster* 'Ideal' (2)
31. *Aster* 'Saturn' (3)
32. *Aster* 'San Banham' (4)
33. *Aster* 'Finale' (5)
34. *Aster* 'Heiderole' (3)
35. *Chrysanthemum* 'Garonne' (10)
36. *Anemone japonica* 'Lady Ardilaun', 10-mal Trupps zu je 5 oder 10 Stück, dazwischen Trupps von a) *Chyrsanthemum* 'Ruby King' (3) b) *Aster* 'Rudolf Göthe' (3) c) *Aster* 'Rudolf Göthe' (3) d) *Polygonum amplexicaule* [heute: *Bistorta amplexicaulis*] (3)
37. *Anemone japonica* 'Honorine Jobert', 15-mal Trupps zu je 5 oder 10 Stück, dazwischen Trupps von e) *Aster* 'Emma Bedau' (3) f) *Aster* 'Schöne von Ronsdorf' (3) g) *Aster* 'Rudolf Göthe' (3) h) *Aster* 'Erstling' (3) i) *Anemone* 'Königin Charlotte' (10)
38. *Aster* 'Sonntagskind' (5)
39. *Chyrsanthemum indicum*, verschiedene Sorten in Trupps (25)
40. *Leucanthemum uliginosum* [heute: *Leucanthemella serotina*] 5)
41. *Aster* 'Finale' und 'Lil Fardell' (je 10)
42. *Aster* 'Ideal' und 'König der Belgier' (je 5)
43. *Aster ibericus* 'Ultramarin' [heute: *Aster amellus* subsp. *ibericus*] (50)
44. halbhohe Beerensträucher: *Cotoneaster horizontalis* (20) gegen Wegrand, *Cotoneaster divaricatus* (5), *Callicarpa* 'Giraldiana' [heute: *C. giraldii*] (5), *Berberis* 'Thunbergi' [heute *B. thunbergii*] (6)
45. *Aster* 'Hermann Löns' (10)
46. *Polygonum amplexicaule* [heute: *Bistorta amplexicaulis*] (10)
47. *Polygonum polystachyum* [heute: *Aconogonon polystachym*] (10)
48. *Aster* 'Herbstmyrthe' und [*Aster*] *multiflorus* [heute: *A. ericoides* subsp. *ericoides*] (je 12)
49. *Harpalium* [*rigidum*] 'Oktoberstern' [heute: *Helianthemum pauciflorus*] (25)
50. *Aster* 'König der Belgier' (6)
51. *Aster* 'Silberblick' (15)
51. *Aster* 'Nancy Ballard' (20)
52. *Boltonia latisquama* [heute: *B. asteroides* var. *latisquama*], *Aster tardiflorus coeruleus* [heute: *Symphyotrichum* x *tardiflorum* i.S, Syn.: *Aster novi-belgii* var. *tardiflorus* i.S.], *Aster* 'König der Belgier', *Aster* 'San' (je 5)
53. *Aster* 'Snowdrift' (5)
54. *Aster* 'Barr's Pink', *Aster tardiflorus ruber* [heute: *Symphyotrichum* x *tardiflorum* i.S., Syn.: *Aster novi-belgii* var. *tardiflorus* i.S.], *Aster* 'Finale' (je 3)
55. *Aster puniceus pulcher* [heute: *Symphyotrichum puniceum* i.S.], *Aster* 'Ideal', 'Sonntagskind' (je 5)
56. *Aster* 'Victoria' (20)
57. *Aster* 'Oktoberkind' (30)
58. *Polygonum amplexicaule* [heute: *Bistorta amplexicaulis*] (15)
59. *Aster* 'Mr. Groll' (15)
60. *Anemone* 'Lady Ardilaun' (25) und 'Max Vogel' (10)
61. *Aster* 'Weserruhm' (10)
62. *Aster* 'Silberblick' (15)
63. *Chrysanthemum* 'Ruby King' (15)
64. *Aster* 'Mr. Groll' (15)
65. *Chrysanthemum* 'Weiße Triomphante' [sic] (5)
66. *Chrysanthemum* 'Nebelrose'(15)
67. *Chrysanthemum* 'Weiße Nebelrose' (5)
68. *Chrysanthemum* 'Rehauge' und 'Kanaria' (je 10)
69. *Chrysanthemum* 'Novembersonne' (7)
70. *Chrysanthemum* 'Herbstbrokat' (2)
71. *Chrysanthemum* 'Ruby King' (15)
72. *Chrysanthemum* 'Anastasia' (25)
73. *Cotoneaster dielsianus* (3)
74. *Aster* 'Weserruhm' (15)
75. *Chrysanthemum* 'Valeska' (10)
76. *Chrysanthemum* 'Valeska' (5)
77. *Chrysanthemum* 'Kanaria' (6)
78. *Aster* 'Ultramarin' und 'Oktoberkind' (je 10)
79. *Cotoneaster dielsianus* (3)
80. *Cotoneaster dielsianus* (4)
81. *Aster* 'Rudolf Göthe' [vermutlich: *A. amellus* 'Rudolf Goethe' oder 'Rudolph Goethe'] (15) und 'Weserruhm' (5)
82. *Anemone japonica* 'Honorine Jobert' (15)
83. *Aster* 'Herman Löns' und 'Oktoberkind' (je 10)
84. *Chrysanthemum* 'Normandie' (15)
85. *Chrysanthemum* 'Anastasia' und 'Dainty' (je 20)
86. *Chyrsanthemum* 'Ruby King' (15)
87. *Chrysanthemum* 'Lesquier' (10)
88. *Chrysanthemum* 'Novembersonne' (5) und 'Champ d´or' (5)
89. *Aster* 'Herbstkönigin' (10)
90. *Chrysanthemum* 'Kanaria' (5) und 'Sonne' (5)
91. *Chrysanthemum* 'Goldperle' (20) und 'Altgold' (10)
92. *Chrysanthemum* 'Schwarzrot' und 'Ruby King' (je 10)
93. *Aster* 'Herbstmyrthe' (10)
94. *Cotoneaster* 'Francheti' (3), *Berberis* 'Thunbergi' [*B. thunbergii*] (3) und vom *Cotoneaster horizontalis* (3)
95. *Chrysanthemum* 'Herbstbrokat' (15), 'Novembersonne' (5) und 'Sonnenelfe' (10)
96. *Chrysanthemum* 'Valeska' (10) und *Aster* 'Rudolf Göthe' [vermutlich *A. amellus* 'Rudolf Goethe' auch 'Rudolph Goethe'] (15)
97. *Aster multiflorus* [heute: *Aster ericoides* subsp. *ericoides*] (10)
98. *Cimicifuga acerina* (10), *Aster* 'Oktoberkind' (10) und *Chrysanthemum* 'Schneeelfe' (10)
99. *Aster* 'Snowdrift' und 'Heiderose' (je 20)
100. *Chrysanthemum* 'Ruby King' (15)
101. *Aster* 'Blue Boy' (10)
102. *Aster* 'Erstling' und 'Rosa von Ronsdorf' (je 3)
103. *Cotoneaster horizontalis* (20)
104. *Cotoneaster horizontalis* (20)
105. *Cotoneaster dammeri* (10)
106. *Aster* 'Peggi Ballard' (3)." [182]

Aster novae-belgii 'Dauerblau', unverzichtbar für den herbstlichen Garten. Züchtung 1947

Neue Gärten

Die meisten Gärten sind Dokumente der Andachtslosigkeit, mit der das Leben gelebt wird.[183]

Gartenanlage in Bornim

Der Garten in Bornim sollte für Besucher eine Schau- und Lehranlage, ein „lebender Katalog" sein. Für Foerster war die Anlage Studien- und Versuchsgarten. Hier entwickelte er seine Gartenvorstellungen, wie z.B. den „Garten der sieben Jahreszeiten". Durch die Einführung und Kombination von Stauden, Farnen, Gräsern und wintergrünen Zwerggehölzen sollte ein Gartenerlebnis vom frühesten Frühjahr bis in den Winter ermöglicht werden. Dabei unterteilte er das Gartenjahr in sieben Jahreszeiten: Vorfrühling, Frühling, Frühsommer, Sommer, Herbst, Spätherbst, Winter. Unter dem Leitspruch „Blumengärten für intelligente Faule" entwarf er Vorstellungen, wie ein pflegeextensiver Garten aussehen kann. Unter dem Motto „Es wird durchgeblüht" versuchte er, Pflanzen mit attraktiven Winteraspekten zusammenzustellen.

Bild rechte Seite: Senkgarten, aufgenommen um 1917

Der Garten in Bornim diente Foerster dazu, seine züchterischen Ziele zu verwirklichen: „Spezielles Programm meiner Gärtnerei ist es, ein begrenztes Sortiment aus dem Chaos der Arten und Sorten unter dem Gesichtspunkte des Zusammentreffens der großen Schönheitseigenschaften mit den großen praktischen Dauer- und Willigkeitseigenschaften herauszuarbeiten." [184]

Die Gliederung des ab 1911 erstellten Gartens erfolgte in sechs Bereiche: Senkgarten, Frühlingsweg, Naturgarten, Steingarten, Herbstbeet und Versuchsgarten. Die folgende Beschreibung erklärt die Intention der einzelnen Teilbereiche:

Der berühmte Senkgarten im Originalzustand der ersten Jahre mit seitlichen Böschungen und wassergebundenen Wegedecken, aufgenommen um 1914

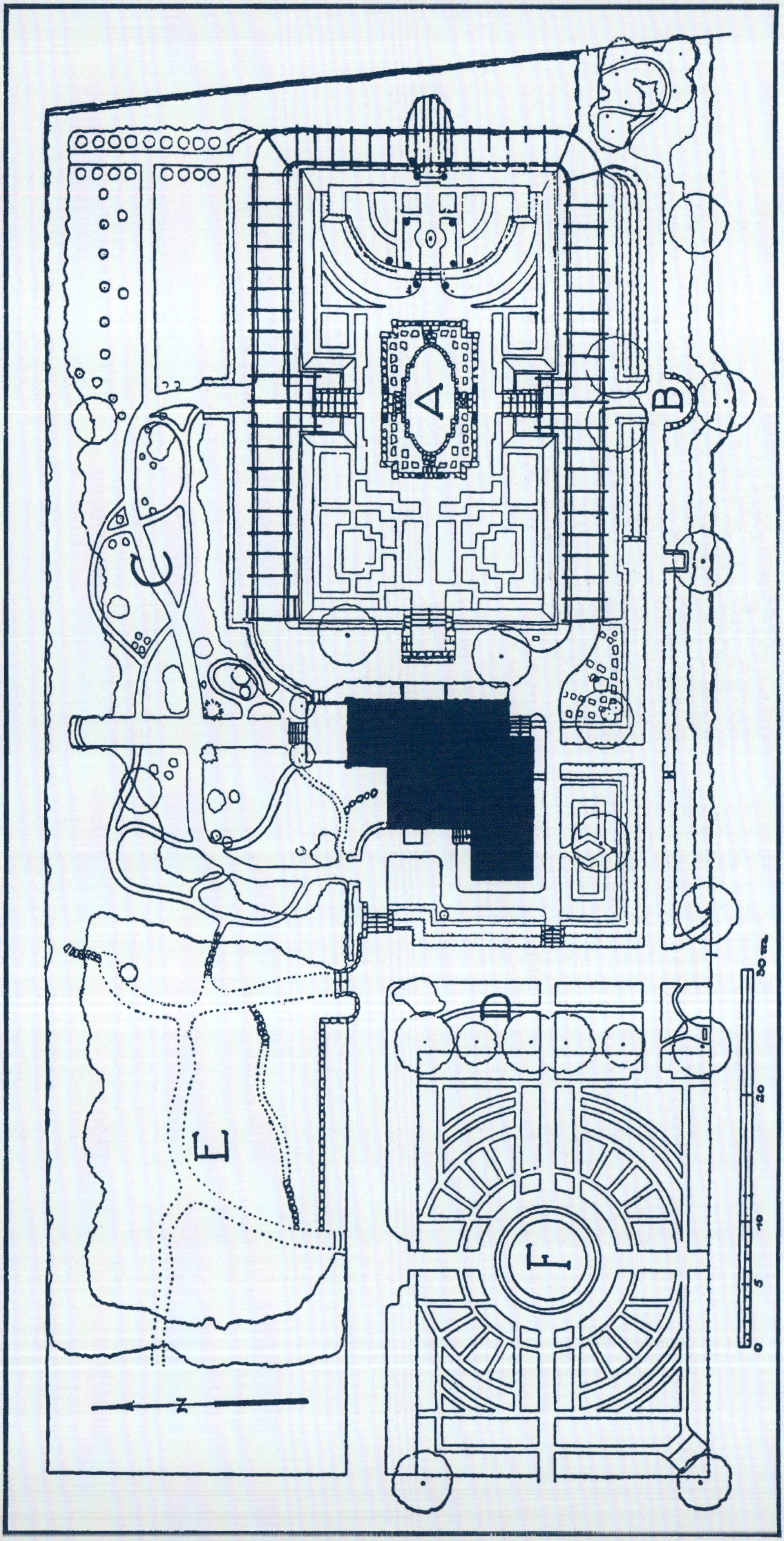

Grundplan
der Bornimer
Gartenanlage

Versuchsgarten, aufgenommen 1925

„Der Senkgarten (A): Innerhalb der kletterrosenberankten Pergola war versucht, die Farben der Stauden und Dahlien von April bis Oktober so zu entfalten und zu komponieren, daß immer wechselnde, anziehende Bilder entstanden. Das Seerosen-Wasserbecken in der Mitte lag innerhalb eines Ufergärtchens, in dem die wirksamsten Pflanzen mit Uferstaudencharakter wuchsen: Schwertlilien, *Thalictrum,* Goldranunkeln, Kaukasusvergissmeinnicht, hohe Gräser und Bambus. Höhepunkte waren die Blütezeiten von Tulpen und Iris, Kletterrosen und Rittersporn, niedrigen blauen Astern mit gelben Rudbeckien und orange-roten Dahlien.

Am Frühlingsweg (B) blühten zu beiden Seiten eines etwa achtzig Meter langen flachen Hohlwegs im Halbschatten zwischen mancherlei Sommergrün vom frühesten Vorfrühling bis Ende April die wichtigsten Blütengewächse dieser Jahreszeit.

Im Naturgarten (C) wurden drei Haupttypen der deutschen Vegetation, Bergflur, Heide und Buchenwaldrand, in verhältnismäßig kleinen Gartenräumen stilisiert, unter Hinzunahme dazu passender fremder Arten.

Im Gartenteil (D) waren Kleinstaudenrabatten im Halbschatten angelegt.

Der Steingarten (E) fasste in besonderen Partien Vorfrühling, Frühling, Frühsommer und Herbst zusammen, um die engsten Benachbarungen gleichzeitig blühender Pflanzen zu ermöglichen.

Der Versuchsgarten (F) schließlich war, wie der Steingarten für die Steingartengewächse, ein lebender Katalog der größeren Farbenstauden für die Besucher und sollte vor allem alte Staudenpflanzen zeigen.“ [185]

Der Senkgarten heute

Die Struktur des Gartens spiegelt sehr gut die Gestaltungsvorstellungen Foersters wider. Teilbereiche, wie der Senkgarten und der Versuchsgarten, wurden geometrisch gestaltet, wohingegen der Naturgarten und der Steingarten Foersters Hang zur naturnahen Gestaltung mit einheimischen und fremdländischen Stauden verdeutlichen. Der Senkgarten gilt als eines der bekanntesten Beispiele für den Stil der „Bornimer Schule“. Er hat nachfolgende Gärtnergenerationen maßgeblich beeinflusst. Eine Beschreibung von der Entstehung und Veränderung dieses Gartenteils ist deswegen von besonderem Interesse.

Die Struktur des Senkgartens spiegelt die Gestaltungsvorstellungen Foersters wider

Willy Lange, einer der Protagonisten der Naturgartenbewegung, stand während der Entstehungszeit des Senkgartens in engem Kontakt mit Karl Foerster. Vermutlich beeinflusste er die Planung des Senkgartens. Es ist möglich, dass er sogar direkt mit der Planung betraut war. Als Vorbild diente Foerster mit großer Sicherheit auch der „sunken garden" von William Robinson in England.

Foerster ließ seinen Senkgarten auf einer Fläche von 40 m x 25 m entstehen. Eine breite Hecke und Großbäume fassten die Anlage ein. Der innere Bereich wurde durch schlanke Hecken und Pergolen gegliedert. In den dreißiger Jahren des 20. Jahrhunderts erfuhr der Garten eine erste Überarbeitung durch Hermann Mattern.

Er ließ die abgeböschten Beete durch Mauern terrassieren. Die Wege wurden mit Sandsteinplatten befestigt und die Pergola erneuert. 1961 gestaltete Hermann Göritz den Garten um. Er baute eine neue, größere Treppe an der südwestlichen Ecke, wodurch sich auch das Hauptwegenetz verschob. Dies geschah, um dem damals schon hoch betagten Karl Foerster einen leichteren Zugang zu ermöglichen. Die Pergola wurde durch eine etwa ein Meter hohe Buchsbaumhecke ersetzt.

Anfang der 80er-Jahre stellte der Rat der Stadt Potsdam das Wohnhaus und die Gartenanlage unter Denkmalsschutz. Hermann Göritz, Peter Herling und Andreas Händel restaurierten den Senkgarten. Die Denkmalpflege, die die Restauration bezahlte, forderte zunächst, die formale Geometrie des Senkgartens wiederherzustellen. Dementsprechend wurde eine spiegelsymmetrische und formal geometrische Pflanzung eingefordert, da dies bei den damaligen Senkgärten in England so üblich war. Die Familie Foerster lehnte das ab. Man einigte sich schließlich auf einen Kompromiss. Die axiale Haupttreppe und das alte Wegenetz wurden wiederhergestellt, aber die seitlichen Treppen konnten bestehen bleiben. Bei den Pflanzungen wurde von der Denkmalpflege freie Hand gelassen, jedoch sollten einige größere Stauden und Gräser beidseitig symmetrisch gepflanzt werden. Das Wasserbecken wurde saniert und die Bepflanzung durch Neuzüchtungen Foersters ergänzt.

Herbst im Senkgarten

Im Vorfeld der Bundesgartenschau 2001 in Potsdam erfolgte 1998 eine weitere Sanierung. Die Trockenmauern wurden teilweise ersetzt oder ausgebessert. Der den Senkgarten umgebende Gehölzbestand wurde stark ausgelichtet, da die Staudenflächen inzwischen stark verschattet wurden. Die Bepflanzung wurde nach den ursprünglichen Bepflanzungsideen Karl Foersters erneuert. Der Garten ist geprägt durch Pflanzen wie Phlox, Rittersporn, Rosen, Rudbeckien, Schwertlilien, Astern, Gräser usw.

Die Bepflanzung umfasst inzwischen nicht mehr ausschließlich Foerster-Züchtungen, sondern wird in seinem Sinne weiterentwickelt. Es finden sich z.B. viele Stauden und Gräser, die auf Züchtungen des Foerster-Schülers Ernst Pagels zurückgehen.

Die Farbzusammenstellungen der Pflanzungen erfolgte nach den Vorstellungen von Marianne Foerster, der Tochter Foersters. Sie kümmerte sich seit 1990 bis zu ihrem Tod 2010 um die Erhaltung und Pflege des Geländes.

Die Gesamtanlage heute

Nicht nur der Senkgarten, auch die übrigen Bereiche der Anlage wurden 1998 restauriert. Der **Naturgarten** bestand bis 1930, dann wurde er zum Wohngarten der Familie Foerster umgewandelt. Bis zu ihrem Tod war es der private Garten von Marianne Foerster. Im Wesentlichen besteht dieser Gartenteil aus einer Rasenfläche und aus großen Bäumen, die mit Schattenstauden unterpflanzt sind. Eine Eibenhecke grenzt den Garten zur umliegenden Landschaft ab.

Anfang der 60er-Jahre löste man den **Versuchsgarten** auf und teilte die Fläche der Gärtnerei zu. Die Gesamtanlage war deswegen in zwei Teile getrennt. Diese Trennung hob man bei der Restauration 1998 auf. Ein kleiner Teil der ehemaligen Versuchsgartenfläche, die die Gärtnerei inzwischen als Parkplatz genutzt

Der ehemalige Privatgarten von Marianne Foerster

hatte, wurde dem Gartengelände wieder zugefügt. Dort entstand das sogenannte **Herbstbeet,** eine für Foerster typische mit Sträuchern und Stauden durchmischte Pflanzung. Dem jahreszeitlichen Aspekt entsprechend stehen dort Astern, Rudbeckien, Herbstanemonen, Gräser etc. Der historische Plan (siehe Seite 82) zeigt die Kennung D an der Stelle, die heute dem Herbstbeet gewidmet ist.

Neben dem Senkgarten ist der Bornimer **Steingarten** von herausragender Bedeutung für das Verständnis von Foersters Gartengestaltung. Der Senkgarten stellt einen regelmäßigen Steingarten im Sinne Foersters dar. Der Steingarten entspricht Foersters naturnaher Vorstellung dieses Gartentyps.

Bei den Sanierungsarbeiten 1998 musste der Steingarten komplett wiederhergestellt werden. Die Bodenmodellierungen des Geländes waren im Wesentlichen eingeebnet und von der früheren Pflanzung war kaum noch etwas vorhanden. Alte Fotos halfen bei der Neugestaltung von Steinformationen. Die Neubepflanzung erfolgte möglichst im Sinne der ursprünglichen Vorstellungen Foersters. Dabei machte auch hier eine zunehmende Verschattung Probleme. Der Garten ist nicht durch farbige und blütenreiche Stauden gekennzeichnet. Es sind die unterschiedlichen Strukturen und Texturen der Pflanzen in Verbindungen mit den Erdmodellierungen, die das Gesamtbild bestimmen. Der Steingarten kann inzwischen wieder nach den Themen der sieben Jahreszeiten begangen werden: In der Nähe des Hauses beginnt der Rundgang mit Vorfrühlings- und Frühlingsaspekten, in der Farnschlucht endet er mit den Frühherbst-, Herbst- und Winteraspekten. Da Karl Foerster viele Inspirationen für seinen Schattengarten aus der Farnschlucht des Botanischen Gartens München-Nymphenburg bezog, könnte die Bezeichnung dieses Gartenteils auch von dort stammen.

Frühlingsweg

Wegen der zunehmenden Verschattung des Steingartens wurde Ende 2008 eine Neukonzeption der Bepflanzung durch die Technische Universität Berlin unter Leitung von Prof. Dr. Norbert Kühn vorgenommen. Das Herbstbeet wurde 2008 überarbeitet und 2010 durch Christian Meyer neu bepflanzt.

Den Frühlingsweg stellte man ebenfalls wieder her. Im Frühjahr bildet dieser Gartenbereich ein überreiches Blütenmeer, angefangen mit Blumenzwiebeln wie *Scilla* und *Chionodoxa,* niedrig wachsende Stauden, wie *Aubrieta* und *Epimedium, Pulmonaria,* aber auch Sträuchern und Bäumen, wie *Viburnum carlesii* oder *Malus* 'Hillieri'.

Herbstbeet mit *Calamagrostis x acutiflora* 'Karl Foerster'

Steingarten nach der Neubepflanzung durch die TU Berlin 2008

Die Bornimer Gesamtanlage erinnert von ihrer Struktur her stark an englische Landhausgärten, wie sie Anfang des 20. Jahrhunderts in England üblich waren. Als eine der bekanntesten Gestalterinnen dieser Stilrichtung, der Arts-and-Crafts-Bewegung, galt Gertrude Jekyll. Der von ihr gestaltete eigene Hausgarten Munstead Wood in Surrey wies ebenfalls geometrische und naturnahe Elemente auf. Die Ausdehnung der Gärten unterschied sich jedoch. Die Gartenanlage von Jekyll war über 60.000 qm groß, während Foersters Anlage nur 5.000 qm maß. Die Aufteilung der Gartenteile in Steingarten, Frühlingsgarten, Waldgarten usw. ähnelt sich jedoch stark. Da Gertrude Jekyll ein Vorbild für Karl Foerster war, ist es wahrscheinlich, dass ihm dieser Garten als Inspirationsquelle diente. Für Jekyll und Foerster war der eigene Garten ein „Studienzimmer", um neue Pflanzen kennen zu lernen. Im Gegensatz zu Foerster, der seinen Garten unter dem Motto „Bitte treten Sie ein" für ein breites Publikum öffnete, lehnte Jekyll die vielen Besucher ab.

Die Gesamtanlage in Bornim ist heute Eigentum der Marianne-Foerster-Stiftung und wird treuhänderisch von der Deutschen Stiftung Denkmalschutz verwaltet.

Gärten der Arbeitsgemeinschaft

Die bekanntesten Garten- und Landschaftsarchitekten, die sich unter dem Einfluss Karl Foersters entwickelt haben, sind Hermann Mattern und Herta Hammerbacher. In Zusammenarbeit mit ihnen entstanden berühmte Gärten, in denen Foerster seine Vorstellungen von Gartengestaltung einbrachte.

Hermann Mattern leitete seit 1927 das Entwurfsbüro Foersters in Bornim. Herta Hammerbacher arbeitete von 1928 an zunächst als Gartenbautechnikerin bei Foerster im Büro. Mattern und Hammerbacher heirateten 1928 und trennten sich 1934 nach sechsjähriger Ehe. 1935 gründete Mattern sein eigenes Planungsbüro. Hammerbacher blieb als freischaffende Gartenarchitektin für Foerster tätig. Trotz der privaten Trennung von Mattern und Hammerbacher wurde die Werksgemeinschaft Foerster-Mattern-Hammerbacher gebildet. Diese bestand bis 1948. In dieser Zeit entstanden etwa 3 000 Projekte. [186]

Bornimer Stil: fließende Übergänge von Haus, Garten und Landschaft

Die Werksgemeinschaft entwickelte einen charakteristischen Gartenstil, den man heute als „Bornimer Stil" oder auch als „Matternsche Schule" bezeichnet. Typisch für den „Bornimer Stil" ist der fließende Übergang vom Innen- zum Außenraum und idealerweise zur angrenzenden Landschaft. Dieses Raumkontinuum fasste man als „idealen Lebensraum" auf, der den Wünschen und Lebensbedürfnissen der Bewohner angepasst werden sollte. „Mensch und Garten stehen in belebender Wechselbeziehung. Das Haus des Menschen und der Garten des Menschen können, um belebend und unmerkbar eindringlich zu funktionieren, nicht zueinander addiert sein, sondern müssen sich gegenseitig vollkommen ergänzen." [187]

In den Anfangsjahren waren die Planungen noch häufig kleinteilig und stark an geometrischen Formen orientiert, vor allem dort, wo Wohnhaus und Wohngarten aneinandergrenzen. Nach und nach erfolgte eine Weiterentwicklung hin zu einer großzügigen „Wohnlandschaft". Die Raumbildung orientierte sich noch stärker an den topografischen Gegebenheiten und wurde organischer. Frei schwingende Linien, unregelmäßige Bepflanzungen und vor allem Bodenmodellierungen zeichneten die Landschaft künstlerisch überformt nach. [188]

Einheit von Garten und Landschaft

Wasserbecken des
Garten Bergius, 1927

Hierzu nutzte Mattern meistens Bodenaufschüttungen, Hammerbacher bevorzugte jedoch die Modellierung mit Mulden. Dies brachte ihnen die Spitznamen „Hügel-Hermann“ und „Mulden-Herta“ ein.

Foersters neue Staudenzüchtungen, besonders die Wildstaudenzüchtungen, die neu in der Gartenkultur eingeführten Gräser und Farne sowie die Ansätze zur natürlichen Vergesellschaftung waren beim “Bornimer Stil” tragende Elemente. [189]

Mattern und Hammerbacher haben durch ihre zahlreichen Planungen wesentlich zur Verbreitung der Vorstellungen Foersters beigetragen. In den ersten Jahren haben Mattern und Hammerbacher von Foerster gelernt. Im Laufe der Jahre kam es jedoch zu einer wechselseitigen Beeinflussung und einer gleichberechtigten Zusammenarbeit: „Das Zusammentreffen eines derart begabten jungen Menschen [Mattern] mit dem weisen, weltanschaulich umfassenden Pflanzenzüchter und Natur-Philosophen Karl Foerster mußte in der Folgezeit eine fruchtbare Synthese ergeben.“ [190]

Foerster war im Wesentlichen Staudenzüchter und Bepflanzungsplaner und kein Gartengestalter. Dennoch kann man feststellen, dass er den Bornimer Stil auch gestalterisch mitgeprägt hat, da wesentliche Elemente des Stils schon bei ihm zu finden sind (siehe Seite 32).

„Hügel-Hermann“ und „Mulden-Herta“ prägen unter Foersters Einfluss den Bornimer Stil

Von 1936 an war Hermann Mattern neben der Arbeit für Foerster auch als Landschaftsanwalt beim Bau der Reichsautobahn tätig. 1939 gewann er den ersten Preis eines Wettbewerbs für die Reichsgartenschau in Stuttgart.

Nach dem Krieg war Mattern dank seiner gestalterischen Fähigkeiten einer der gefragtesten Planer. Darüber hinaus galt er ideologisch als unverdächtig, da er Gegner des NS-Regimes und Mitglied der „Roten Hilfe“ war, einer Organisation, die der Kommunistischen Partei nah stand. 1948 richtete er die Abteilung Landschaftskultur an der Staatlichen Hochschule für bildende Künste in Kassel ein. 1961 wurde er an den Lehrstuhl für Landschaftsbau und Gartenkunst der Universität Berlin berufen. 1962 führte er den “Peter-Joseph-Lenné-Preis” ein. 1965 gründete er die Karl-Foerster-Stiftung für angewandte Vegetationskunde. Mattern war an mehreren Großprojekten maßgeblich beteiligt, so z.B. 1949 an der Entwicklung der Freiflächen des Regierungsviertels in Bonn, 1950 an der Gartenschau in Stuttgart und 1955 an der Sanierung des zerstörten Aueparks in Kassel im Rahmen der Bundesgartenschau. Über hundert öffentliche Gebäude und Fabriken und mehr als zweihundert Privatgärten sind von ihm gestaltet worden. [191]

Er war zudem Gründer und Herausgeber der Zeitschrift *„Pflanze und Garten“* und Mitherausgeber der Buchreihe *„Bauweltfundamente“*. Ferner publizierte er viele Fachartikel und schrieb mehrere Bücher wie z.B. *„Freiheit in Grenzen“* (1938), *„Die Wohnlandschaft“* (1950), *„Gärten und Gartenlandschaften“* (1960) und *„Gras darf nicht mehr wachsen“* (1964).

Herta Hammerbacher war bis 1948 als freischaffende Gartenarchitektin für Foerster tätig. Sie arbeitete mit vielen namenhaften Architekten zusammen, so z.B. Hans und Peter Poelzig, Hans Scharoun, Ludwig Mies van der Rohe sowie Egon Eiermann. Herta Hammerbacher entwarf fast 3.500 Gärten, Parks, Freiflächen für Siedlungen, Schulhöfe und Friedhöfe. [192]

Garten van den Bergh, 1928

Zu ihren bekanntesten Arbeiten gehören die Gartenanlagen am Funkturm Berlin, die Friedhöfe bei der Bundesgartenschau in Berlin, die Freiflächenplanung für das Berliner Hansaviertel und die Außenanlage der Paracelsus-Klinik in Marl. 1946 bekam Herta Hammerbacher einen Lehrauftrag für Landschafts- und Gartengestaltung an der Fakultät für Architektur und Städtebau der TU Berlin, welcher ab 1950 in eine Professur umgewandelt wurde. Von 1965 bis 1981 war sie Kuratoriumsmitglied und stellvertretende Vorsitzende der Karl-Foerster-Stiftung für angewandte Vegetationskunde.

Fotos und Plangrafiken von Beispielgärten sollen im Folgenden den Bornimer Stil verdeutlichen. Daraus ablesbar ist die Entwicklung von einer geometrischen zu einer freieren Form der Flächengliederung.

Frühe Gärten der Arbeitsgemeinschaft, 1927 – 1930

Ein frühes Projekt von Foerster und Mattern war der Privatgarten des Chemikers und Nobelpreisträgers Friedrich Bergius. Das Terrain war durch die steil abfallende Hanglage eine Herausforderung. Mattern terrassierte den Hang durch Stützmauern, die geometrisch angeordnet wurden. Wasserbecken mit zierenden Überläufen sowie winkelförmige Treppenläufe schufen die Verbindung der Ebenen untereinander und gestalteten die Fläche. Die strenge Form wurde durch eine üppige Bepflanzung aufgelöst (siehe Bild Seite 92). [193]

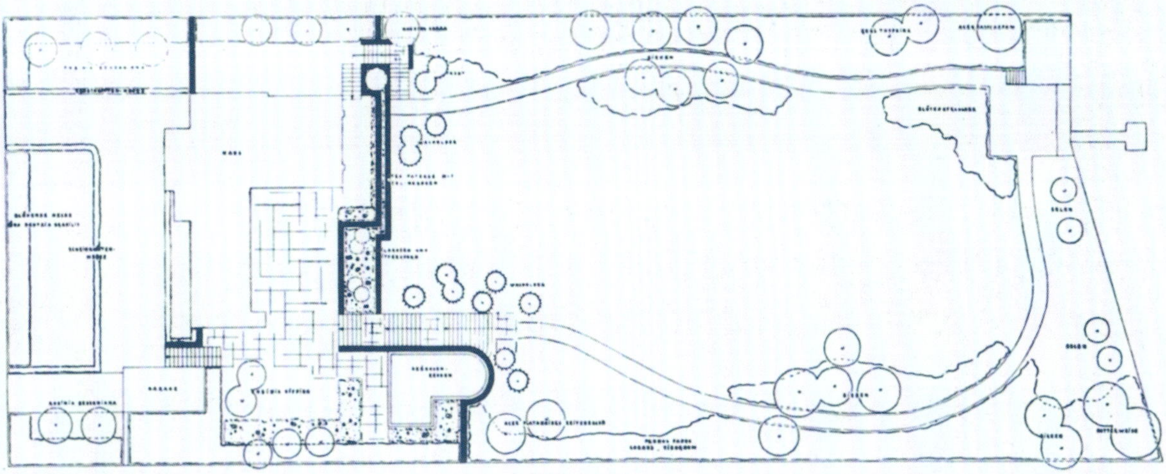

Grundplan des Gartens der Familie A.
in Groß-Glienicke

Blick auf die Terrasse

Blick vom Haus in den Garten

Geometrisch angeordnete Natursteinmauern aus Sandstein, trocken oder mit Mörtel aufgesetzt, und eine reiche, auflockernde Bepflanzung sind typische Stilmittel der Arbeitsgemeinschaft in dieser Zeit. Der Garten van den Bergh in Berlin und der Garten der Familie A. in Groß-Glienicke bei Potsdam sind dafür Beispiele. Der Grundriss und die Bilder des Gartens der Familie A. zeigen das Nebeneinander von geometrischen und naturnahen Formen. In der Nähe des Hauses sind geometrische Formen vorherrschend, die in organische Formen übergehen.

Vorgarten Poelzig. Hängebuche und Koniferen bilden einen Kontrast zum weißen Haus

Der Garten Poelzig, 1931

Der von der Arbeitsgemeinschaft geplante Garten Poelzig in Berlin-Westend wurde in einer Ausgabe der „*Gartenschönheit*" ausführlich dargestellt. [194] Das Haus hatte Marlene Moeschke-Poelzig entworfen, die zweite Ehefrau von Hans Poelzig. Sie arbeitete als Architektin und Bildhauerin.

Der Garten ist ein Beispiel für die Überzeugung der „Bornimer Schule", dass ein Garten in erster Linie den Nutzungsansprüchen seiner Bewohner zu dienen hat. Entsprechend der „Wohnzwecke" wurde der Garten in drei Teilbereiche untergliedert a) Vorgarten b) Wohngarten c) Kinder-Spielgarten. Der Grundplan und die Bilder zeigen die Kombination von architektonischen und naturnahen Elementen. Der strenge architektonische Rahmen wird durch die naturnahen Beetformen und die Bepflanzung aufgelockert. Der fließende Übergang vom Haus zum Garten und zur angrenzenden Landschaft ist gut ersichtlich.

Der Vorgarten

Der Vorgarten wird von einer Mauer umschlossen. Von der Straße führt ein Weg direkt zum Haus. Er ist abgesenkt und durch einen Polygonalverband befestigt. Eine vierstufige Treppe führt zum großzügigen Eingangspodest hinauf. Die Höhendifferenz zum Vorgarten wird durch zwei niedrige Natursteinmauern, die parallel zum Weg verlaufen, aufgefangen. Dadurch entstehen zwei Beetstreifen, die mit *Erica*, *Aubrieta* und *Veronica* bepflanzt sind. Die sich anschließende Rasenfläche wurde zu einer Mulde ausgeformt. Sie ist von Pflanzflächen mit *Sedum*, *Saxifragen*, *Sagina*, Thymian, Gräsern und Wachholdern umgeben. Die Pflanzbeete können von einem einfachen Trittsteinweg mit Polygonalplatten aus erreicht werden. Zusätzlich ordnet ein rechteckiger Wegeverlauf den vorderen Gartenraum. Der Weg führt am Haus entlang in den hinteren Teil des Gartens.

Die beiden vorspringenden Gebäudeteile, die Garage und der Nordost-Flügel, rahmen den Eingangsbereich des Hauses, der laut Hammerbacher wie ein „spanischer Patio“ wirken soll. Dazu wurden bewusst Gehölze ausgewählt (z. B. Hänge-Buche und Säulen-Wachholder), die durch ihre Wuchsform einen Kontrast zur schlichten Form und Farbgebung des Hauses bilden und deren Schattenspiele auf der weißen Hauswand reizvoll wirken.

Der Wohngarten

Das Haus öffnet sich zum rückwärtigen Teil des Gartens. Über zwei große Türen ist die Terrasse zugänglich, die um das ganze Haus herumführt. Die Fensterfronten wurden tiefer als gewöhnlich angesetzt, um den Garten optisch ins Haus zu holen.

Der Wohngarten besteht aus einer großen Rasenfläche, die – wie im Vorgarten – komplett mit Schrittplatten eingefasst ist. An der Grundstücksgrenze befinden sich mehrere schmale, lang gezogene Rabatten mit Rittersporn, Flieder, Kletterrosen sowie Schwertlilien. In der Nähe des Hauses ließ man einige alte Kiefern stehen. Auch dies ist ein typisches Stilelement der „Bornimer Schule“. Durch Einbeziehen der natürlichen, vorhandenen Vegetation wird ein fließender Übergang von Garten und Landschaft erreicht.

Grundplan Poelzig

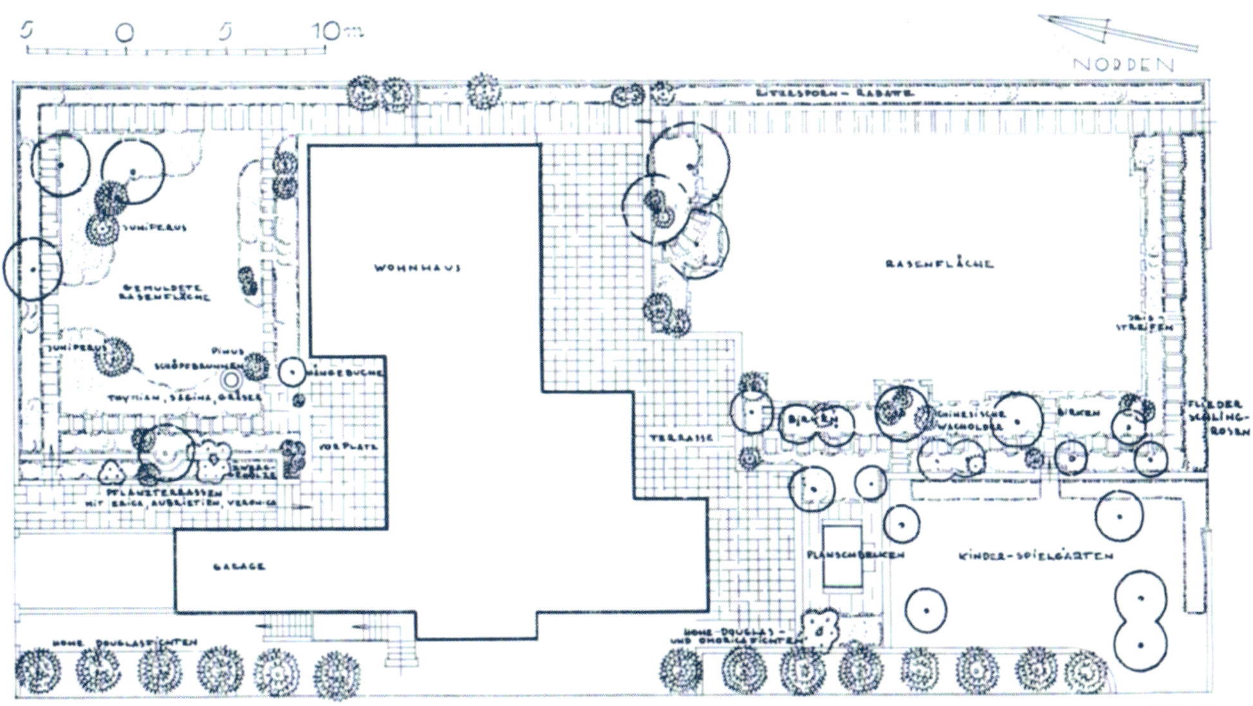

H. M.-H.

Spielgarten mit Badebereich

Der Spielgarten

Der Spielgarten wird durch Birken zum Rasen hin abgegrenzt. Diese sind mit Wachholder, Ginster und Stauden für den Halbschatten sowie Erika unterpflanzt. Der Höhenunterschied dieser beiden Gartenteile wird durch eine Steinmauer abgefangen, in die mittig eine Treppe eingelassen ist. Der am südlichen Gelände anschließende Berliner Grunewald sollte ursprünglich nur mit einem Drahtzaun abgegrenzt werden. Aufgrund vieler neugieriger Wochenendbesucher entschloss man sich jedoch, den Drahtzaun mit Schilfmatten zu verkleiden.

Die formale Trennung von Wohn- und Spielgarten wird durch den in den Garten hineinragenden Gebäudeflügel mit den Kinderzimmern deutlich ablesbar. Von den Kinderzimmern aus kann die Terrasse betreten werden. Durch zwei Stufen abgesetzt, schließt sich ein weiterer Terrassenbereich an. Er ist mit einem Badebecken für Kinder ausgestattet. Das Becken ist in den Boden eingelassen. Über eine weitere Stufe kann der großzügige Sandspielbereich mit Schaukel und Turnringen erreicht werden. Nach Westen wird das Gelände durch hohe Douglasien und Omorika-Fichten abgeschirmt.

Garten Simon, 1935

Der Garten Simon, von Herta Hammerbacher geplant, wird durch das Haus in zwei Bereiche unterteilt. Es ergibt sich ein Vorgartenbereich und hinter dem Haus eine Wohngartenfläche. Die Gesamtfläche des Gartens beträgt 650 m². Ein Plattenweg führt gradlinig auf den Eingang des Hauses zu. Von dort leiten rechteckige Schrittplatten in beide Richtungen des Gartens. Zwei größere, nicht näher bezeichnete Bäume grenzen das Grundstück nach beiden Seiten ein, diese sind mit immergrünen Polsterstauden und Gräsern unterpflanzt. Das bestimmende Element des Vorgartens ist eine Pergola mit Rankpflanzen. Die Pergola überspannt ein 30 cm hohes Hochbeet, das von einer Trockenmauer begrenzt wird. Der übrige Gartenraum besteht überwiegend aus einer Rasenfläche, die im westlichen Teil mit einer Dreiergruppe Feuerdorn und im östlichen Teil mit einer Dreiergruppe Wacholder und einer *Rosa omeiensis* [heute: *Rosa sericea* subsp. *omeiensis* Omei-Rose] bepflanzt ist.

Garten Simon: Der Polygonalverband löst sich zum Terrassenrand hin auf

Südlich des Hauses befindet sich eine große Terrasse mit einem Polygonalplattenverband. Die Plattenzwischenräume sind zum Garten hin mit flach wachsenden Stauden bepflanzt. Die Fugen weiten sich zur Rasen-

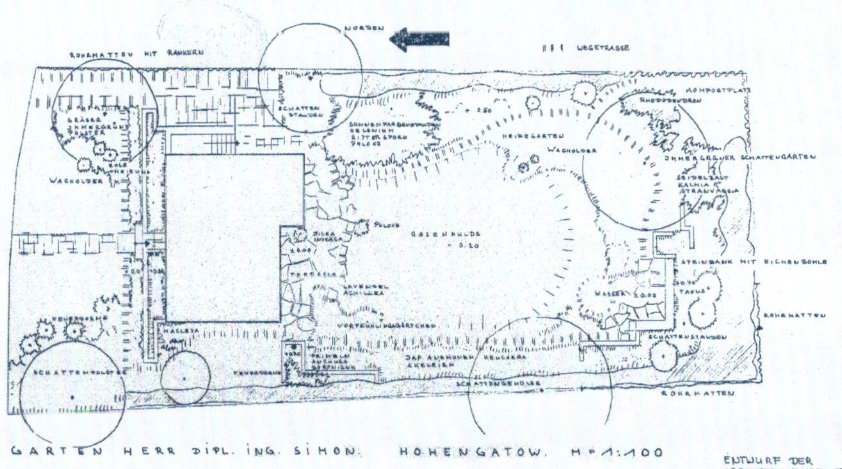

Grundplan Garten Simon

fläche, wodurch Rasen und Terrasse fließend ineinander übergehen. Die Rasenkante verläuft in mehreren leichten Bögen entlang der Pflanzfläche. Die Rasenfläche ist als Senke ausgebildet, ein deutliches Zeichen des Einflusses von Herta Hammerbacher. Südlich der Rasenfläche grenzt ein ovales Heidegartenbeet an. Dort wurden Thymian, Königskerze, Nachtkerze, Erika, Besenheide und Wachholder gepflanzt. Westlich des Heidegartens liegt ein zweiter, großzügiger Sitzplatz, zu dem ein großes, rundes Wasserbecken gehört. Dieser Sitzplatz ist einer der markantesten Punkte im Garten. Eine 40 cm hohe Trockenmauer grenzt ihn vom anschließenden Beetbereich ab. Sie ist teilweise als Sitzmauer gestaltet.

Das Wasserbecken wurde an einer Seite mit Herkulesstaude, Taglilie, *Iris* x *germanica* und *Iris pumila* umpflanzt. Je nach Standort gibt es im Garten unterschiedliche Pflanzbereiche: Ein großes Sonnenbeet nimmt Sonnenbraut, Rittersporn und Phlox auf, ein Hochbeet ist mit Primeln, Gemswurz und Kaukasusvergissmeinnicht bepflanzt. Es existieren mehrere Schattenbereiche mit typischen Stauden, wie Purpurglöckchen, Akelei, Geißbart und Japanischer Anemone, aber auch mit immergrünen Pflanzen wie Rosmarin-Seidelbast, Berglorbeer und Lorbeer-Glanzmispel. Die Trockenmauer ist mit alpinen Pflanzen bestückt. Dank vieler Frühjahrsblüher, immergrüner Pflanzen und Gräser bietet der Garten das ganze Jahr über attraktive Aspekte. Die vorhandene Vegetation mit Birken und Kiefern wurde, wie im Garten Poelzig, in den Garten integriert.[195]

Garten Simon, Sitzplatz mit Wasserbecken

Garten Simon, Vorgarten mit Pergola

Garten Winkelmann; ein typisches Element des Bornimer Stils sind die vor- und zurücktretenden Beetränder

Garten Winkelmann, 1937

Der Garten Winkelmann, von Hermann Mattern angelegt, gliedert sich ähnlich wie der Garten Simon in zwei Teilbereiche. Es gibt einen formalen Vorgarten und einen landschaftlich gestalteten, wesentlich größeren Hausgarten. Der Vorgarten ist mit einer Hecke aus Wein-Rose – *Rosa rubiginosa* – eingefasst und mit rechtwinkeligen Schrittplatten durchzogen. Westlich vom Haus, an das Gebäude angrenzend, liegt die Garage. Das Gelände wird an dieser Stelle zum Nachbargrundstück durch eine Mauer und einen Zaun abgegrenzt – beides überwuchert von Rosen und Knöterich. Östlich des Hauses liegt ein Schuppen, dem eine Wildrosen- und Thymianpflanzung vorgelagert ist. Der restliche Teil des Vorgartens besteht aus einer Rasenfläche, auf der locker eingestreut, mehrere Birkengruppen stehen.

Der Wohngarten besteht aus einer großen, geschwungenen Rasenfläche. Typisch für Mattern ist die kleine, flache Hügelkette, die den Rasen durchzieht. Typisch sind auch die vor- und zurücktretenden Staudenbeete sowie die Eingrenzung dieses Gartenteils durch lockere Strauchpflanzungen.

Auch diese Elemente finden sich in den frühen Pflanzungen Foersters (vgl. hierzu Seite 70). Direkt am Haus befindet sich eine ausladende Terrasse, auf der am östlichen Ende des Gartens eine große Bank steht, die rückseitig durch eine Pergola geschützt wird. Im westlichen, hinteren Bereich des Gartens wurde ein weiterer Sitzplatz installiert. Wie im vorderen Teil des Gartens stehen auch im Wohngarten mehrere Birkengruppen. Zusätzlich gibt es eine Gleditschie und eine Zweiergruppe mit Omorika-Fichten.

Die Stauden am Wasserbecken sind von niedrigem Wuchs. Die Staudenpflanzung an der Westseite der Terrasse sollte hohen Stauden vorbehalten sein. Leitstauden wie z.B. Rittersporn und Phlox sollten diese Pflanzung rhythmisieren. [196]

Grundplan Garten Winkelmann

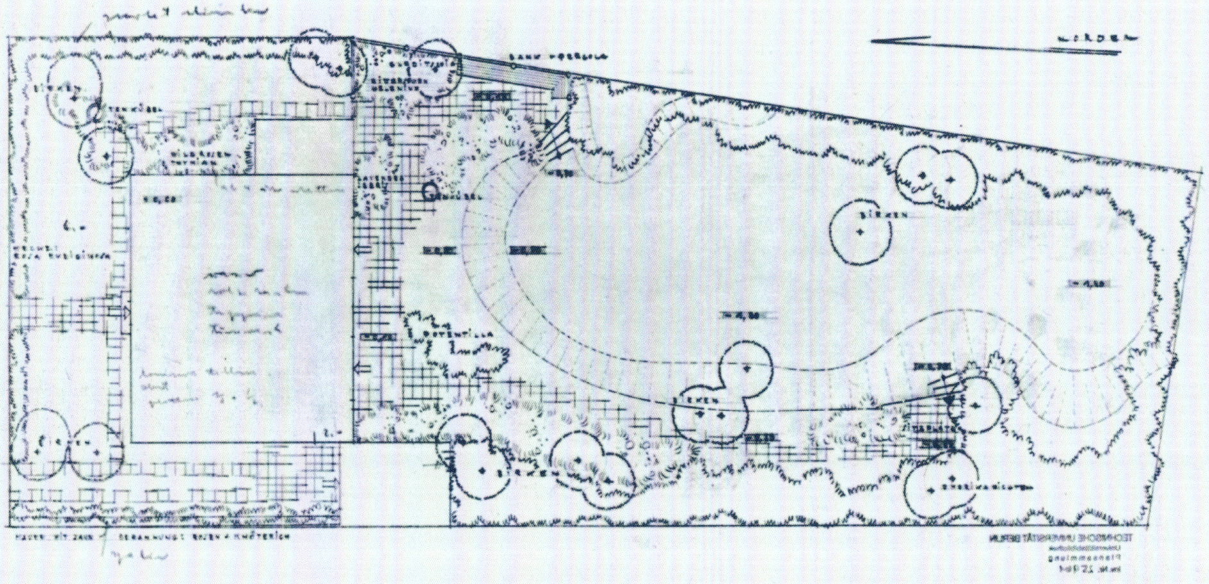

Pflanzenliste

Gehölze:
Betula
Gleditsia
Rosa rubignosa (Hecke im Vorgarten)
[sonstige Angaben zu den Gehölzen fehlen]

Stauden Halbschattiger Standort
Aconitum napellus
Astilbe sinensis pumila [wahrscheinlich: *A. chinensis* var. *pumila*]
Campanula grandis
Cimicifuga racemosa
Physostegia virginiana
Filipendula rubra 'Venusta'
Scabiosa caucasica
Stachys lanata
Trollius europaeus

Stauden sonniger Standort
Anaphalis margaritacea
Anemone japonica 'Honorine Jobert'
Anemone japonica 'Königin Charlotte'
Achillea japonica 'Königin Charlotte'
Achillea filipendulina 'Parker'
Chrysanthemum maximum
[heute: *Leucanthemum* x *superbum*]
Cimicifuga simplex 'Armleuchter'
Helenium praec. [unbekannt]
Lychnis chalcedonica [heute: *Silene chalcedonica*]
Monarda didyma

Stauden, sonniger Standort vor Gehölzen
Achillea tomentosa
Aster 'Sunset'
Aster ericoides
Chrysanthemum maximum
[heute: *Leucanthemum* x *superbum*]
Coreopsis verticillata
Delphinium 'Bornimer Hybriden'
Delphinium x *cultorum* in Sorten
Gaillardia x *grandiflora*
Paeonia lactiflora 'Festiva maxima'
Phlox paniculata in Sorten
Rudbeckia nitida 'Herbstsonne'

Stauden, Sonne bis Halbschatten
Alyssum saxatile 'Citrinum'
[heute: *Aurinia saxatilis* 'Citrinum']
Arabis alpinum [gemeint ist: *A. alpina*]
Aubrieta deltoides 'Feuerkönig' [gemeint ist: *A. deltoidea* 'Feuerkönig']
Aster subcoeruleus [heute: *A. tongolensis*]
Cerastium biebersteinii
Erigeron mesa-grande 'Speciosus'; heute: *E. speciosus* var. *marcranthus*]
Hemerocallis citrina
Iberis sempervirens 'Schneeflocke'
Iris pumila in Sorten
Lythrum roseum [unbekannt]
Macleaya cordata
Nepeta mussinii [heute: *N.* x *faassenii*]
Oenothera missouriensis [heute: *O. macrocarpa*]
Polemonium
Potentilla cinerea [heute: *P. incana*]
Saxifraga muscoides [heute: *S. moschata*]
Thymus villosus
Verbascum x hybr. 'Densiflorum'
Veronica teucrium 'Shirley Blue'
Viola 'Lord Nelson'

Gräser
Festuca ovina
Miscanthus sinensis 'Gracilimus'. [197]

Stuttgarter Killesberg, 1939

Die Reichsgartenschau von 1939 auf dem Killesberg ist das markanteste Beispiel für den Bornimer Stil. Hermann Mattern war die gartengestalterische Oberleitung des Gesamtprojektes übertragen worden. In Übereinstimmung mit einem Team von Gartenarchitekten gelang es ihm, aus Obstwiesen und einem alten Steinbruch mit Schutthalden und hohen Steilwänden ein Gelände zu gestalten, von dem Karl Heinz Harnisch, ein Mitglied des Bornimer Kreises, sagte: „Weit ausschwingende Terrassen und gemächlich ansteigende Wege ließen diesen Garten so selbstverständlich erscheinen, als ob er von jeher zur Karlsaue gehörte.“ [198]
Der Däne Gudmund Nyeland Brandt, ein dänischer Landschaftsarchitekt, lobte „Das unbekümmerte Nebeneinander von gewachsener und gepflanzter Vegetation und die liberale Nähe von Wildflora und Gartenflora.“ [199]
Die Bilder zeigen, wie örtliche Gegebenheiten in die Planung einbezogen wurden, wie architektonische und natürliche Elemente zusammenfinden und harmonisch in die Landschaft eingebunden werden.

Rittersspornpflanzung im Steinbruch

Reichsgartenschau in Stuttgart mit naturnahen und geometrischen Elementen

Neue Blumen

Mit ergreifender Bildsamkeit wartet die lebendige Pflanze auf die führende, ja fast träumerische Kraft des Menschen. Die Natur will befohlen werden, um ihre unberechenbaren Kräfte zu entfalten. Gerade der wachsten Arbeit schenken sich auch die traumhaftesten Wunscherfüllungen.“ [200]

Züchtung

Im züchterischen Schaffen spiegelt sich das pantheistische Weltbild Foersters wider. Für ihn war Züchtung ein naturhafter Prozess, der durch den Menschen veredelt wird. Er war der Meinung, dass „die Phantasie der Natur" der menschlichen Fantasie überlegen ist. Deshalb kam der „Wildbestäubung" in seiner Züchtungsarbeit eine bedeutende Rolle zu. Er überließ der Natur grundsätzlich die Bestäubungsarbeit.

Foerster war Empiriker, vor allem die Erfahrung zählte für ihn als Erkenntnis- und Handlungsgrundlage: „Es gibt wie gesagt keine engere Verbindung als die zwischen dem Streben nach Qualitätssteigerung und nach Ausdauer in der Beobachtung. Auf allen Gebieten werden uns die lebendigsten Aufschlüsse gewährt durch die Abkehr von kurzfristigen Beobachtungen und Gedanken und die Hinwendung zu dem, was durch den Filter der Erfahrung gegangen ist." [201] Karl Foersters züchterische Denkweise war der japanischen sehr ähnlich. Er sah die Pflanze als Individuum und hatte ein fast persönliches Verhältnis zu jeder einzelnen. Ein Beleg dafür ist der Artikel *„Erste Begegnung mit der Staudenaster Herbstmyrte"*. [202] Darin beschreibt er, wie er diese weiße Aster das erste Mal blühen sah. Auch die Äußerungen zweier ehemaliger Mitarbeiter charakterisieren Foerster in dieser Hinsicht:

Delphinium elatum 'Tempelgong', hoher Rittersporn mit halbgefüllten dunkelviolettblauen Blüten. Züchtung 1934

MÄNGELLISTE RITTERSPORN

„Die Strohfeuersorten: Gemeint sind Pflanzen, die sich in den ersten zwei bis drei Jahren besonders stürmisch entwickelten, dann aber ganz plötzlich im nächsten Jahr kleinlaut wurden und nur schwache, zierliche Triebe hervorbrachten. Manchmal aber keineswegs immer ergab sich ein größerer Fäulnisherd im Pflanzenstock; diese Strohfeuersorten wurden entfernt, da es sich nicht um zufällige Erscheinungen, sondern um Eigenschaften handelte.

Die Sonnenrunzler: Aus feuchtigkeitsverwöhnten Geburtsländern kamen zuweilen Ritterspornzüchtungen, die bei uns in Zeiten großer Sonnenhitze auf der Südseite etwas runzlig verkochten – selbstverständlich zur Kompostbereitung empfohlen.

Die Lückenrispler: Manche Probepflanzen hatten es alljährlich an sich, ihre Rispen mit leeren Stellen zu unterbrechen, was unverhältnismäßig störte. Alles Abwarten auf Überwindung solcher Mängel ist vergeblich.

Die Frostgefährdeten: Sie brachten ihre Empfindlichkeit aus verwöhnten Ländern mit und wiesen dann gern unberechenbare Lücken in den Pflanzungen auf, wobei es oft im Anfang lange dauerte, ehe man den Grund solcher Lücken fand, die eben nur nach schwersten Wintern auftraten [...].

Die Blattkranken: Einige wenige Delphinium-Sorten zeigen nach jahrelangem Wohlverhalten plötzlich bei halbschattiger Pflanzung, die oft unvermeidlich, einen durchscheinenden, dumpfgelben Blattschaden, welcher durchaus unangenehm und störend wirkt. Da diese Anfälligkeit ziemlich selten ist, kann man solche Sorten, wie zum Beispiel 'Juwelenturm' oder 'Maiblau', getrost fallen lassen, oder man muß sie sonnig und unbeengt platzieren.

Die hässlichen Verblüher: Das Fallenlassen der unteren, ältesten aufgeblühten Blumen an einer Rispe, die noch keineswegs voll aufgeblüht war, beeinträchtigt in vielen frü-

Omphalodes verna 'Grandiflora' – Gedenkemein; Vergissmeinnicht-ähnlicher Frühlingsblüher

„Vor allem besaß er die Fähigkeit, Pflanzen in ihrer Eigenart, ihrer Einmaligkeit zu erfassen. Ihnen Mut zu machen, sie selber zu sein.“ [203] „Karl Foerster züchtete nach besonderen Leitbildern. Er hatte selbst besondere Vorstellungen von der Urgestalt einer Staude. Er versuchte in ihr Wesen einzudringen – beinahe wie es der Japaner tut – dieses Wesen besonders herauszuschälen und dann in seinem Charakteristikum erhöht herauszubringen. Er ist von einer glänzenden Idealgestalt ausgegangen [...].“ [204]

heren Züchtungen den Eindruck ungemein. Die Zuchtarbeiten haben sich nicht nur dabei beruhigt, den Fehler abzustellen, sondern sind auf dem Wege, Sorten aufzubauen, deren erste und unterste Blüte zusammen mit der ganzen Rispe so lange Form und Farbe halten, dass die Gesamtwirkung hierdurch oft um mehr als zehn Tage verlängert wird.

Die Geizhälse: Manche Züchtungen bringen trotz vieler Verdienste auch auf die Dauer eine zu geringe Anzahl von Blütenstielen, was auch durch besseren Bodenplatz nicht abzustellen ist. Meist geizen diese Sorten dann ebenso mit der Ergiebigkeit der Teilungsvermehrung.

Die Wegelagerer: Eine Ritterspornpflanze, die über die nötige Kraft und Straffheit des Aufbaus verfügt und rechtzeitig einen Schnurhalfter erhält, welcher den ganzen Busch ein wenig zusammenzieht und von den Blättern sehr schnell überwachsen und bedeckt wird, muß ohne Stütze dem Regensturm widerstehen. Nur ganz wenige Bergklimate oder Küstengegenden nötigen uns, innerhalb des Halfters noch einen Stützstab in den Boden zu treiben, der gleichfalls vom Pflanzengerüst halbwegs verdeckt wird. – Wegen der Weichheit des Baus fallen unbrauchbare Pflanzen schon früh auseinander und lagern mit ihren Knien teilweise am Boden, noch ehe die Zeit des Schnurhalfters gekommen ist, wobei sie dann noch in hässlichen Verbiegungen blühen. Natürlich darf man bei all diesen Beobachtungen sich nicht zu sehr auf die Eindrücke des ersten Jahres nach der Pflanzung stützen, weil ja vom zweiten Jahr ab die Staude überhaupt erst beginnt, ihre wahren Sortenwerte zu erweisen.

Die Müllerburschen: Die Beseitigung des Mehltaus hat sich als züchterisch vollkommen möglich erwiesen und zeigt ihre Wichtigkeit nicht nur im Sommerflor, sondern ist sehr oft entscheidend für das gute Zustandekommen der Nachblüte Ende August und September. Bei der Beurteilung der Mehltaufrage gilt es zu unterscheiden zwischen der Anfälligkeit einer Jungpflanze, deren gesamtes Blattwerk nahe über dem Boden steht, und der Widerstandskraft einer eingewachsenen Pflanze. Auch der Halbschatten spielt in Mehltaufragen eine besondere Rolle. Mehltaubefallene Ritterspornpflanzen stören durch ihr morbides Aussehen oft eine ganze Rabatte, und es gibt nur ganz wenige Sorten, bei denen man wegen hervorragender Eigenschaften diese Misslichkeit in Kauf nimmt.

Die Kerzenknicker: Sie lassen anfänglich nichts von dieser Untugend merken, und es gehört ein bestimmter stiller Regen dazu, um die Blütenrispen so stark mit Wasser anzufüllen, dass sie dicht unter der Rispe abknicken. Es bleibt nichts übrig als unnachsichtiges Entfernen solcher Pflanzen und Sorten, auch wenn sie noch so schöne andere Eigenschaften besitzen [...].“ [206]

Züchtungsziele

Als Foerster Anfang des 20. Jahrhunderts mit der Züchtungsarbeit begann, war die Verwendung von Stauden noch verhältnismäßig unüblich. Die im Handel erhältlichen Sorten wirkten durch panaschierte Blätter und gefüllte Blüten unnatürlich.[205]

Foerster ging es darum, vielfältige neue Blütenformen und Farben zu erzeugen. Er versuchte aber auch, winterharte, krankheitsresistente, pflegeleichte und natürlich wirkende Stauden zu züchten. Karl Foerster beobachtete jede Pflanzenart sehr genau und stellte „Mängellisten" der einzelnen Pflanzen zusammen. Fehler versuchte er dann nach und nach herauszuzüchten. Wie Foerster in der für ihn typisch humorvollen bildhaften Sprache die „Mängel" der heiß geliebten Rittersporne darstellte, kann im Kasten auf Seite 106 nachgelesen werden.

Zwei Fehlerlisten, die von *Phlox* und *Heliopsis*, wurden sogar in einem Artikel in der Zeitschrift „*Gartenbau im Reich*" abgedruckt. [207] 1932 fasste Foerster die wesentlichen „Ordnungsfehler" von Stauden allgemeingültig zusammen: „a) Umherwuchern b) Hässliches unordentliches Verblühen oder Vergilben c) Vorzeitiges alljährliches Absterben des Laubes durch die zu früh abschließende Vegetationsperiode des Jahres d) Haltungsfehler, besonders bei Wind, Regen und Schatten oder zu dichtem Stand oder bei Bewässerung von oben e) Hässlicher, unordentlich wirkender Krankheitsbefall f) Lästiges Umherstreuen mit Sämlingen g) Unordnungswirkungen durch Winterschäden, Hitze und Trockenheitsschäden, durch Mängel der Lebenskraft". [208] Bei seiner Züchtungsarbeit hatte Foerster noch ein besonderes Anliegen, das bereits sein Vorbild William Robinson als Ziel formuliert hatte: Die Pflanzensortimente sollten erweitert werden, um einen „*Permanent Garden*", einen ganzjährig blühenden Garten zu ermög lichen. [209]

Phlox paniculta 'Karminvorläufer'

Foerster propagierte deshalb zeitlebens den „*Garten der sieben Jahreszeiten*". Der Titel seines letzten Buches hieß deswegen auch „*Es wird durchgeblüht*". Sein Züchtungsprogramm war gezielt darauf ausgelegt, die Blütezeit der Pflanzen zu verlängern. Er selektierte vorzugsweise besonders lang blühende Sorten aus, die er liebevoll „Langspielplatten" nannte. Daneben arbeitete er ein breit gefächertes Sortimentsspektrum aus, das jeweils frühe, mittlere und späte Blütezeitpunkte abdeckte.

Zudem gibt es unzählige Artikel in der „*Gartenschönheit*" über die Frühlings- und Winteraspekte. Sein Interesse an immergrünen Stauden, Gehölzen, Farnen und Gräsern erklärt sich auch aus dem Bemühen, die blütenarmen Phasen im Gartenjahr mit attraktiven Grüntönen und Strukturen zu bereichern.

Feld mit Rittersporn

Züchtungsmethoden

Karl Foersters Arbeitsweise ist mit modernen Züchtungsmethoden heutiger Gärtnereien nicht mehr vergleichbar. Er wandte ausschließlich die Auslese und Selektionszüchtung an. Dieses Verfahren spielt zwar bei heutigen Züchtungsmethoden auch noch eine Rolle, aber die Vorauswahl der Pflanzen erfolgt schon durch Kombinations-, Hybrid- oder Mutationszüchtung. Im Gegensatz zu Foerster wandten die zu Foersters Lebzeit bekannten Züchter, wie z.B. Konrad Arends, moderne Kreuzungsmethoden an und benötigten nur wenige Sämlinge, um ihre Züchtungsziele zu verfolgen. Foerster setzte dagegen vollständig auf einen natürlichen Selektionsprozess. [210]

Ein Züchtungsprinzip Foersters: „Pflanzen durch den Enttäuschungsfilter jagen“

Er pflanzte auf riesige Felder 20 000 bis 30 000 Exemplare einer Pflanze, die sich dann durch „Wildbestäubung“ vermehrten. Dann begann für Foerster die sogenannte Dauerbeobachtung, die für ihn genauso viel Bedeutung hatte wie der eigentliche Selektionsprozess. Nach zwei Jahren erfolgte eine Vorauswahl der Pflanzen. Nach fünfjähriger Beobachtung wurde die endgültige Auswahl der vermehrungswürdigen Pflanzen getroffen. Foerster beschrieb diesen Prozess mit den Worten „Pflanzen durch den Enttäuschungsfilter jagen“. [211]

Foerster besaß eine außergewöhnliche Beobachtungsgabe für vermehrungswürdiges Pflanzenmaterial. Dies trug maßgeblich zu seinem Erfolg als Züchter bei. Konrad Näser beschrieb Foersters Arbeitsmethode sehr treffend: „Seine Sorten entstanden nach langem, genauen Beobachten und Beurteilen. Die Fähigkeit, das Wesen einer Pflanze zu ergründen und ihr dann mit Achtung zu begegnen, schützte ihn vor züchterischen Überforderungen. Er strebte nicht nach Merkmalssteigerungen, die letzten Endes keine Rücksicht mehr auf die Pflanzen innewohnenden

Kräfte nehmen und nur von den Gesetzen des Marktes und den Wünschen der Verbraucher diktiert wurden. Zu seiner Vision gehörte, den Reichtum der Stauden in dem von der Natur gesetzten Rahmen zu entwickeln." [212]

Auch sein ehemaliger Obergärtner Heinz Hagemann äußerte sich ähnlich: „Er war uns allen überlegen. Wir haben oft über ihn gelächelt als junge Leute. Jetzt hat der Alte schon wieder was Neues gefunden, das ist doch gar nichts Neues. Und erst nach Monaten oder nach einem halben Jahr haben wir gesehen, dass es wirklich etwas Neues war. Das hatte er aber schon vorher gemerkt, er hatte eben ein Auge dafür, etwas Neues zu sehen, ob es die Farbe oder der Aufbau der Pflanze oder ob es die Blütengröße war." [213]

Gräser und Farne

„Hätte der Mensch ein Wappenbild, es müsste ein Farnwedel sein, gekreuzt mit einem Gräserhalm!" [214]

Karl Foerster hatte zu Gräsern und Farnen einen besonders intensiven Bezug mit tiefer mystischer Wurzel: „Immer werden Gräser vom Hauch eines Unendlichkeitsfriedens umweht, – umflüstert von den Weiten der Erdräume, – so wie die Farne vom Urweltgeheimnis der Zeit umraunt sind. Beides redet von der ewigen Festigkeit dieser Lebensgestalten, die sich auch in Gärten tief offenbart." [215]

Gräser und Farne als „Helfer der Wildnisgartenkunst"

Gräser und Farne spielten in Foersters Bepflanzungsplanungen, besonders als „Helfer der Wildnisgartenkunst", eine herausragende Rolle. Sie waren für ihn eine ausgleichende Kraft zwischen unterschiedlichen Blütenfarben und notwendig, um blütenlose Perioden zu überbrücken und schwierige Gartenplätze zu besiedeln. [216]

Vor allem die **Gräser** hielt Foerster für ein unverzichtbares, strukturbildendes Element in einer gelungenen Pflanzung. [217] Gräser spiegelten für ihn auch einen lebenswichtigen Aspekt wider. Er schätzte sie als „Helfer und Ernährer, Beschützer, Mittler und Pionier". Seine Wertschätzung beruhte auf der Erkenntnis, Gräser seien notwendig für den Ausgleich des Wasserhaushalts, für die Befestigung und die Humusbildung im Boden

und für die pflanzliche Besiedelung von schwierigen Landschaften. Nicht zuletzt hätten sich aus den „Wildgräsern" die wichtigsten Grundnahrungsmittel für die Menschheit entwickelt, wie z.B. Mais, Weizen, Hirse und Reis. [218]

Deshalb, schrieb Foerster, werde es jetzt, Mitte des 20. Jahrhunderts, Zeit, dem „Weltbeherrscher Gras eine symbolische Referenz" in den Gärten zu erweisen. Dies sei bisher nur durch den Rasen geschehen, was darauf hindeute, wie wenig die Staudengräser im Weltgefühl der Menschen ihren Platz gefunden hätten. [219] Vermutlich wurde Foersters Gräserleidenschaft zu einem nicht unerheblichen Teil durch Berthold Körting geschürt. Dazu erinnert sich Constantin Rudolf Jelitto

Gräser im Senkgarten

1969 anlässlich Foersters 95. Geburtstag: „Es war ein Jahr nach der großen Inflation 1924. Da trafen sich an einem Sonntag in einem der schönsten Gräsergärten, den ich je gesehen habe, in Wannsee: Karl Foerster, Karl Peters, Frau und Herr Körting und ich als Jüngster unter ihnen. Man traf sich, wie man sich eben trifft, um als Gleichgesinnte gemeinsam Freude zu haben an ganz einfachen Pflanzen, die Wildpflanzen im Garten, hier besonders den Gräsern. Diese waren hier zusammengefasst, zu einem Ganzen vereinigt, wie es nur leidenschaftliche Liebhaber, große Könner zuwege bringen. Und das waren die beiden Körtings. Hier in diesem Garten, zu dessen Zustandekommen Sie, Herr Foerster, sicher manches beigetragen haben, wurde wohl still und leise Ihre Gräserleidenschaft geboren. Dieses Stück märkischer Sandboden im Rahmen der herrlichen Seenlandschaft war vielleicht die Keimzelle zum *'Einzug der Gräser in den Garten'*. Große Dinge entwickeln sich oft ganz einfach selbstverständlich." [220]

Im *„Blütengarten der Zukunft"* äußerte sich Foerster 1917 erstmals über den Gartenwert von Gräsern in seiner unnachahmlichen Art: „Wo sind eigentlich die vielen, ausdauernden Staudengräser? Beim Blick in deutsche Gärten kann man meist sagen wie jener Professor im schwach besetzten Auditorium: Ich sehe wieder viele, die noch nicht da sind." [221] 1921 veröffentlichte er dann einen Artikel in der *„Gartenschönheit"*, in dem er erstmals gartenwürdige Gräser beschrieb. [222]
Etwa ein Jahrzehnt später stellte er fest, dass es in keinem Buch, keiner Zeitschrift und keinem Katalog eine komplette Zusammenstellung gartenwürdiger Gräser gab. [223] Foerster fing daraufhin an, gezielt gartenwürdige Gräser zu suchen, sie in Bornim aufzupflanzen, sie zu selektieren und dann seinen strengen Prüfungskriterien zu unterziehen. Die folgende Anekdote wurde von Heinz Hagemann, dem späteren Obergärtner in Bornim, überliefert: „Uns Staudenneulingen schlugen starke Blütenfarben, wuchtige Pflanzenerscheinungen in Bann: Wer von uns Jungen sah schon die Form und das wechselnde Farbenspiel, die halb verborgenen Reize und Schönheiten der Gräser? Auch *Avena candida pendula*, die überhängende Form des Blaustrahlhafers, die ja wirklich gefälliger als die Art ist, fand Karl Foerster mit sicherem Blick. Da standen plötzlich im Bornimer Heidegarten neben drei bis vier *Avena candida* [heute: *Helictotrichon sempervirens*] eine Pflanze mit schön blau gefärbten überhängenden Halmen, offenbar ein Sämling, doch das sah ich nicht, obwohl ich bald monatelang täglich daran vorbeiging, bis mein Chef mir die Pflanze vor die 'Nase', besser gesagt vor die Augen hielt, und sagte: 'Vermehre das Biest, das ist was Neues. Ich habe schon was darüber geschrieben, also vermehre, vermehre!' Und bereits 1930 erschien dann diese Varietät als Foerstersche Ersteinführung im berühmten Bornimer Katalog seiner Gärtnerei." [224]

„Einzug der Gräser und Farne"

Auf der Suche nach geeignetem Gräsermaterial spielten neben vielen anderen Quellen die botanischen Gärten von Berlin-Dahlem, Hamburg, Bremen, München-Nymphenburg und Darmstadt eine wichtige Rolle. [225] Es sollten jedoch noch mehr als zwei Jahrzehnte vergehen, bis das heute als Standardwerk geltende Buch *„Einzug der Gräser und Farne"* von Foerster erscheinen sollte. Laut einer Nachricht der Zeitschrift *„Das Gartenamt"* soll Karl Foerster mehr als 80 Gräser-Arten und -Sorten entdeckt, ausgelesen und durch seine Publikationen bekannt gemacht haben. [226] Eine komplette Aufstellung ließ sich jedoch nicht finden.

Exemplarisch werden hier einige der bekanntesten Sorten angeführt, die heute zum Standardsortiment vieler Staudengärtnereien gehören: *Calamagrostis* x *acutiflora* 'Karl Foerster', *Carex morrowii*, *Deschampsia caespitosa* mit den Sorten

„Farnschlucht" im Bornimer Steingarten, nach der Neubepflanzung durch die TU Berlin 2008

'Bronzeschleier' und 'Tardiflora', *Helictotrichon sempervirens*, *Luzula sylvatica* 'Marginata', *Miscanthus giganteus*, *Miscanthus sacchariflorus* 'Robustus', *Molinia arundinacea* 'Karl Foerster', *Panicum virgatum* 'Strictum', *Sinarundinaria nitida* [heute: *Fargesia nitida*]. [227] Karl Foerster war weltweit einer der ersten Staudenzüchter, der den Wert der Staudengräser für die Gartengestaltung erkannte und sie bekannt machte.

Unabhängig von Foerster waren **Farne** international viel früher zur Geltung gekommen als Gräser. Im viktorianischen England, Ende bis Mitte des 19. Jahrhunderts, gab es eine regelrechte Farnhysterie. Anfang des 19. Jahrhunderts war es endlich geglückt, Farne zu vermehren. Dank der Erfindung des Wardschen Kastens, einer Art Miniaturgewächshauses, konnten jetzt endlich die Pflanzen lange Transportwege überleben. Botaniker reisten durch die Welt, um neue Farne nach England zu bringen. Die Farnbegeisterung ebbte Anfang des 20. Jahrhunderts wieder ab, doch es entstanden maßgebliche Gesellschaften, wie die englische „Pteridological Society" (1891) oder die amerikanische „Fern Society" (1893), welche die Entwicklung der Farnsortimente bis heute vorantreiben. [228] Foerster nahm bei der gestalterischen Verwendung und der züchterischen Entwicklung von Farnen auf internationaler Ebene keine Vorreiterrolle ein. Beim „*Einzug der Farne*" in deutsche Gärten spielte Foerster aber eine entscheidende Rolle.

Farne waren für Karl Foerster Zeugen einer vergangenen erdgeschichtlichen Epoche. Ihn faszinierte das Alter der Farne, ihre ungewöhnliche Vermehrungsbiologie und ihre „rätselvolle Schönheit". Für die Gartengestaltung im Schatten waren die Farne nach Foersters Meinung unersetzbar. [229]

Foerster sammelte die seiner Meinung nach gartenfähigen Farne, pflanzte sie in den Bornimer Prüfgarten und selektierte die besten Individuen aus. Als Kristallisationspunkt und Keimzelle der deutschen Farnkultur sah Foerster den Botanischen Garten München-Nymphenburg. Dort befand sich nach Foerster der größte Schattengarten Europas. Der Schattengarten und die berühmte Farnschlucht des Nymphenburger Gartens haben in mehreren Artikeln der „*Gartenschönheit*" eine Rolle gespielt. [230] Bei der Zusammenstellung und Benennung der wichtigsten Farne wurde Karl Foerster von dem „Freilandfarnkenner" Richard Maatsch, der an der Forschungsanstalt Herrenhausen (Hannover) tätig war, unterstützt. Falls keine deutschen Namen vorhanden waren, entwickelten sie diese gemeinsam. Manche haben sich durchgesetzt wie z.B. der Rotschleierfarn für den Rotschleier-Wurmfarn – *Dryopteris erythrosora*, der Weihnachtsfarn für den Weihnachts-Schildfarn – *Polystichum acrostichoides*, oder der Wendeltreppenfarn für eine Sorte des Frauenfarns, der heute vermutlich unter dem Namen *Athyrium filix-femina* 'Frizelliae' im Handel ist. Diese Pflanze kannte Foerster unter dem Namen *Athyrium filix femina sagittatum lumulatum*. [231]

Konrad Näser und Lothar Denkewitz bestätigen die wichtige Rolle Foersters bei der Einführung der Farne. [232] Konkrete Angaben darüber, welche Farne Foerster eingeführt oder ausgelesen hat, sucht man jedoch vergeblich. Lediglich im Katalog der Staudengärtnerei Klose (Lohfelden 2002) findet man den Prachtglanz-Schildfarn – *Polystichum polyblepharum* 'Bornim' – eine Auslese Foersters.

Erste Phlox-Züchtung Foersters (1932): *Phlox paniculata* 'Wennschondennschon', lang blühende, sehr wüchsige und vitale Auslese

Stauden

Das Staudensortiment, das von Foerster herausgegeben wurde, ist vielseitig und in seiner Gesamtheit nicht sicher gesichtet worden. Die Angaben in der Literatur schwanken zwischen 362 Sorten, gemäß der Liste von Konrad Näser, und 700 Sorten, gemäß der Liste von Marie-Luise Kreuter. Die große Unsicherheit über die Zahl der von Foerster gezüchteten Sorten besteht aus mehreren Gründen. Konrad Näser schreibt dazu: „Unterschiedliche Angaben beruhen darauf, daß bisher nicht festgelegt wurde, welche Merkmale bei Karl Foerster der Status 'Sorte' trägt. Gilt die Nennung eines Namens in Skripten, Büchern, Zeitschriftenartikeln schon als Sortennachweis oder besser doch die Veröffentlichung in einem betrieblichen Katalog?“ [233] Auch wird die Arbeitsweise Karl Foersters mitverantwortlich für die Konfusion um seine Sorten gemacht. [234] Er nahm es mit der Namensgebung seiner Neuzüchtungen und Neueinführungen nicht so genau. Als Beispiel führt Marie-Luise Kreuter *Delphinium cultorum* 'Ouvertüre' und *Delphinium cultorum* 'Merlin' an. Diese beiden Rittersspornsorten wurden im Foersterkatalog jeweils zweimal als Neueinführungen aufgelistet. Die Sorte 'Ouvertüre' 1934 und 1956 und die Sorte 'Merlin' 1935 und 1967. Ferner hat Foerster mehrfach alte, wohlklingende Namen von schon „überholten“ Sorten für Neuzüchtungen eingesetzt, obwohl die alten Pflanzen noch in anderen Gärtnereien im Handel waren. [235]

Phlox paniculata 'Kirmesländler', hohe, spät blühende Auslese, weiße Blüten mit rotem Auge. Sehr empfehlenswert. Züchtung 1938

Heliopsis scabra 'Goldgefieder', straff aufrecht wachsend, wertvoller unverwüstlicher Dauerblüher

Dieser laxe Umgang bei der Namensgebung wurde von Heinz Hagemann und anderen früheren Mitarbeitern bestätigt. Eine ähnliche Problematik ergibt sich aus der zum Teil mangelnden Unterscheidung von Neuzüchtungen und Neueinführungen. Hier hat Karl Foerster bei einigen Sorten später „zugegeben", die Sorte eingeführt, aber nicht selber gezüchtet zu haben. [236] Die große Unsicherheit

über die Zahl der von Foerster gezüchteten Sorten hat auch politische Ursachen. Während des Zweiten Weltkrieges gingen wichtige Sorten verloren. Nach der Wiedervereinigung der beiden deutschen Staaten kam es zu einer Vermischung der west- und ostdeutschen Foerster-Sortimente. Dabei haben sich teilweise falsche Sortenbezeichnungen in den Handelssortimenten durchgesetzt. Teile des einzigartigen ostdeutschen Foerster-Sortiments gingen nach der Wende unwiederbringlich verloren oder sind nur mit großen Anstrengungen wiederzubeschaffen.

Helenium 'Goldrausch', sehr reichblütige und standfeste Sorte. Züchtung 1942

STAUDENARTEN

Unabhängig davon, wie viele Sorten Foerster nun wirklich gezüchtet hat, ob 362 oder 700, fällt auf, dass sich seine Züchtungsbemühungen auf sieben Staudenarten konzentrieren: [237]

- *Phlox-Paniculata*-Hybriden – 83 Sorten
- *Delphinium*-Hybriden – 72 Sorten
- *Helenium*-Hybriden – 38 Sorten
- *Aster novi-belgii* – 20 Sorten
- *Chrysanthemum-Indicum*-Hybriden – 20 Sorten
- *Lupinus-Polyphyllus*-Hybriden – 17 Sorten
- *Aster amellus* – 15 Sorten

Bevorzugte Staudenarten

Die große Leidenschaft von Karl Foerster galt dem Rittersporn – für ihn war er der Inbegriff der „blauen Blume" (siehe Seite 40). Auf der Beliebtheitsskala folgte Phlox dem Rittersporn. Zeit seines Lebens warb Foerster für den vermehrten Einsatz dieser Staude mit dem Slogan: „Ein Leben ohne Phlox ist ein Irrtum." [238]

Sein großes Ziel, einen blauen Phlox zu züchten, erreichte er nicht, dafür gelangen ihm nach jahrzehntelanger Arbeit eine orangerot blühende Sorte und eine reinweiße Phlox-Sorte. [239]

Wie außergewöhnlich die Züchtungen von Foerster waren, zeigt sich darin, dass sehr viele Foerstersorten noch heute im Handel erhältlich sind.

Einige der bekanntesten Delphinium-Sorten sind 'Abgesang', 'Berghimmel', 'Finsteraarhorn', 'Jubelruf', 'Morgentau', 'Tempelgong'. Die bekanntesten Phlox-Sorten sind 'Bornimer Nachsommer', 'Dorffreude', 'Kirchenfürst', 'Schneeferner', 'Wennschondennschon'. Weniger bekannt ist Foerster für seine *Helenium*- und *Aster*-Sorten, obwohl sie noch häufig in den Sortimenten zu finden sind. Die bekanntesten noch erhältlichen *Helenium*-Sorten sind 'Baudirektor Lenné', 'Feuersiegel', 'Kugelsonne', 'Rubinzwerg', 'Wesergold'. Bei *Aster amellus* 'Blütendecke' und 'Veilchenkönigin', bei *Aster novae-angliae* 'Rosa Sieger', 'Rubinschatz', 'Dauerblau'. Foerster war außerdem mit Züchtungen von *Chrysanthemum* und *Lupinus* sehr erfolgreich.

Das restliche Schaffen verteilt sich auf 29 Arten, zu denen er jeweils nur eine Sorte züchtete; 17 Arten, die durch ihn um zwei bis fünf Sorten erweitert wurden, und vier Arten mit sechs bzw. sieben Sorten-Züchtungen. Auffällig ist, dass häufig die Züchtungen, die das Sortenspektrum nur um eine neue Sorte erweitert haben, herausragende Eigenschaften aufwiesen. Sie setzten sich am Markt durch und sind noch heute in den Sortimenten von namhaften Staudenbetrieben zu finden. Dazu gehören z.B. *Monarda didyma* 'Schneewittchen', *Potentilla aurea* 'Goldklumpen', *Aruncus dioicus* 'Zweiweltenkind' und *Bergenia* 'Schneekönigin'. Diese Sorten bildeten zudem häufig für andere Gärtner die Grundlagen zu erfolgreichen Neuzüchtungen. [240]

Typisch für Foerster ist, dass er seine Sorten als Züchtungsmaterial zur Verfügung stellte und sie nicht schützte. Ernst Pagels erinnerte sich an folgende Begebenheit: „Der Weg in die züchterische Arbeit wurde mir noch von Karl Foerster gewiesen. Bei einem der ersten Besuche in Bornim drückte Karl Foerster mir beim Abschied eine kleine Samentüte in die Hand, mit der Bemerkung: „Sieh zu, was du darin findest.“ [241] Die Tüte enthielt Samen von *Salvia nemorosa*. Pagels säte den Tüteninhalt aus und es gelang ihm, daraus eine heute noch bewährte Sorte zu selektieren, *Salvia nemorosa* 'Ostfriesland'. Betriebe, die erfolgreich mit Foerstermaterial wei-

Helenium 'Flammenrad', weniger bekannte eindrucksvolle Förster-Sorte. Züchtung 1951

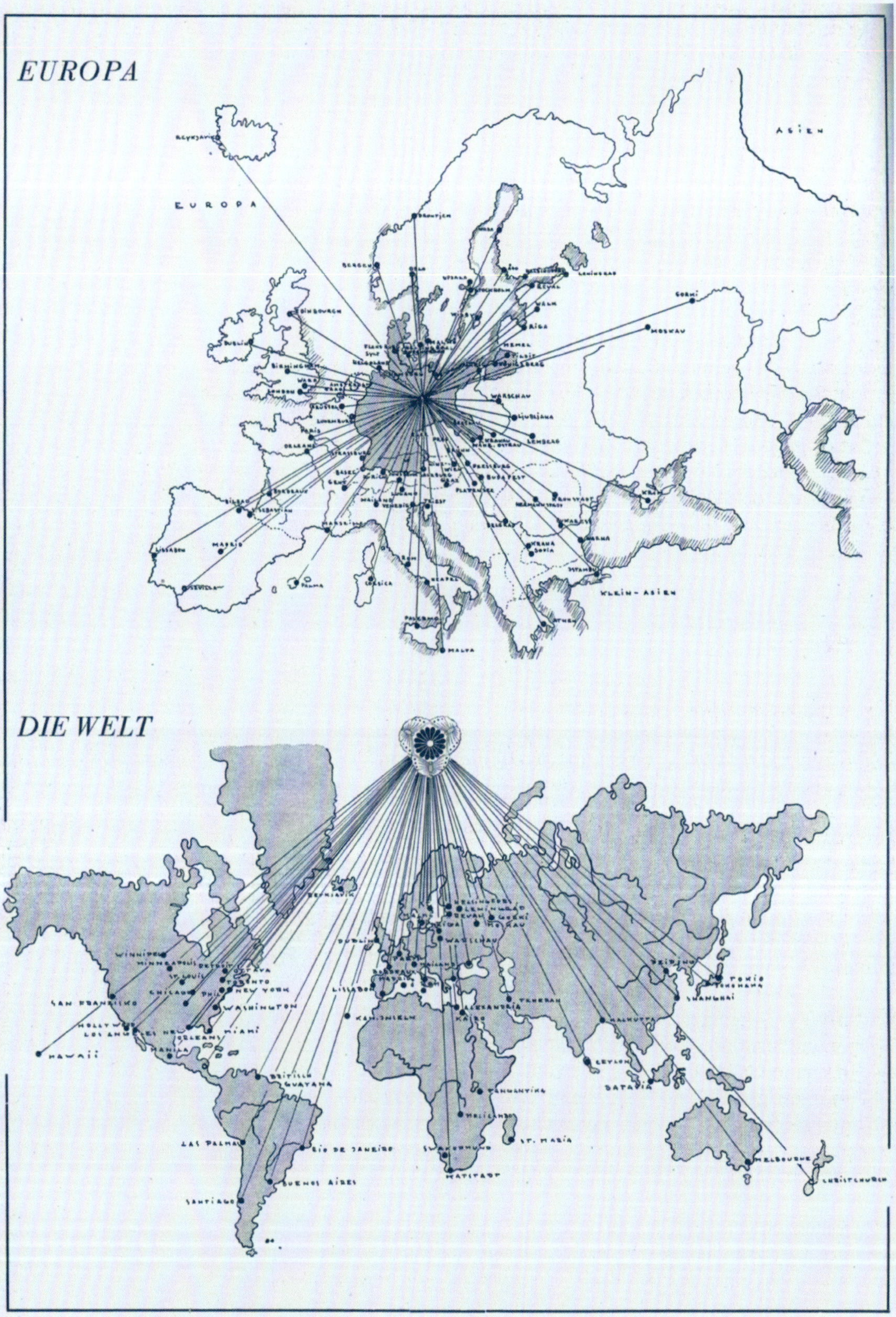

Kontakte der Foerster-Gärtnerei

terarbeiteten, sind neben Pagels beispielsweise die Unternehmen Kayser & Seibert, (Roßdorf), Klose (Lohfelden), Partsch (-), Kock (Leer) und auch der Sichtungsgarten Weihenstephan, Freising. [242]

Neben der Vielzahl eigener Züchtungen liegen Foersters Verdienste darin begründet, dass er gezielt Sorten anderer Züchter oder botanischer Gärten auswählte, prüfte und, wenn sie den „Enttäuschungsfilter" überstanden, in das Sortiment seiner Gärtnerei aufnahm. Gleiches gilt für die Einführung unbekannter Staudenarten bzw. Varietäten. Als bekannteste Beispiele sind hier *Rudbeckia fulgida* var. *sullivantii* 'Goldsturm', *Gypsophila* 'Rosenschleier' oder *Aster ericoides* 'Herbstmyrte' zu nennen. [243]

Karl Foerster war sowohl national als auch international mit Züchtern und Gärtnereien vernetzt. Das geht aus Schriften hervor, die sich in Foersters Nachlass in der Berliner Staatsbibliothek befinden. So stand er z.B. innerhalb Deutschlands in regem Kontakt mit Konrad Arends und Alexander Steffen, international unterhielt er enge Beziehungen z.B. zu der Familie Ruys in Holland, desgleichen wurde er schon in den zwanziger Jahren Mitglied der englischen *Delphinium*-Gesellschaft. Wie weit gefächert die Kontakte der Gärtnerei Foerster waren, lässt sich eindrucksvoll an der Grafik ablesen, die im Buch „*Gartenfreude wie noch nie*" 1937 veröffentlicht wurde.

Sichtung

„Die Sorte ist das Schicksal deines Gartens." [244]

Schon 1917 stellte Foerster in seinem Buch vom „*Blütengarten der Zukunft*" die Forderung nach Sichtungs- und Schaugärten in Deutschland auf. Stauden aus aller Welt sollten systematisch gesammelt und geprüft werden. Zusätzlich sollten die Gärten Laien Erholung und Information bieten sowie Fachleuten Anregungen geben. Als Vorbilder nannte er den Palmengarten in Frankfurt am Main, das Rosarium in Sangershausen sowie die Botanischen Gärten in München-Nymphenburg, Dresden, Darmstadt und Berlin-Dahlem. [245] Diesem persönlichen Anliegen verlieh Foerster Nachdruck: „Wenn wir diese Gärten nicht aufbauen, und zwar in jedem Land, dann lassen wir die Frucht unserer Gartenmühen auf dem Halme verfaulen." [246] Er warb beharrlich für dieses Vorhaben. So versandte er z.B. „entsprechende Aufrufe" an die Bürgermeister vieler Städte. In einem undatierten Aufsatz über Schau- und Sichtungsgärten erwähnte Foerster, dass er 18 Zusagen auf seine Anfrage bekommen habe. Er schrieb, dass die Stadt Forst ein „prachtvolles Gelände" zur Verfügung gestellt und Herta Hammerbacher mit der Planung beauftragt habe. Warum keine dieser Zusagen eingehalten wurde und auch das Projekt in Forst scheiterte, ist nicht überliefert. [247] Erst 1938 sollte Foerster mit einem ersten öffentlichen Sichtungsgarten Erfolg beschieden sein. [248]

In der Zwischenzeit versuchte Foerster, Sichtungsgärten auf privater Ebene ins Leben zu rufen. Er gründete den Verein „Forschungsgarten der Blumenfreunde" und versandte 1926 einen Aufruf „zur Werbung von Mitgliedern und Helfern jeder Art in allen Teilen Deutschlands". Darin hieß es: „Ein Kreis von Gartenfreunden hat nun beschlossen, mit dem Abwarten Schluss zu machen und zunächst im Klei-

Wasserachse Freundschaftsinsel, aufgenommen 2011

nen mit der Schaffung eines solchen Forschungsgartens für Blumenfreunde zu beginnen." [249] Die Mitglieder des Vereins hatten einen Jahresbeitrag zu entrichten. Als Gegenleistung sollten sie Vierteljahresberichte der Sichtungsergebnisse zugeschickt bekommen. Inwieweit das Projekt erfolgreich war, ist nicht bekannt.

In Deutschland hatte es schon vor Karl Foerster Ansätze zur Einrichtung einer Pflanzensichtung gegeben. Ende des 19. Jahrhunderts startete Prof. Dr. Weiss in München eine Initiative, um neue Pflanzenzüchtungen in verschiedenen Gärten und verschiedenen Regionen zu testen. Diese Anstrengungen fanden jedoch keine große Resonanz. Die Versuche wurden bald wieder eingestellt. Neben Karl Foerster gab es in Deutschland weitere Verfechter der Sichtungsgartenidee. Dazu gehörten Camillo Schneider und Alexander Steffen. Steffen nahm als Gartendirektor in Pillnitz die ersten Staudensichtungen vor. [250]

Der erste öffentliche Schau- und Sichtungsgarten entstand 1938 auf der Freundschaftsinsel in Potsdam

Der erste öffentliche Schau- und Sichtungsgarten entstand 1938 auf der Freundschaftsinsel in Potsdam. Die Anlage wurde von Hermann Mattern und Herta Hammerbacher geplant. Prägende Elemente waren zwei Torhäuser, fächerförmig angeordnete Beete für Steingartenpflanzen sowie eine berankte Pergola aus Sandstein. Richtung Norden entstand der sogenannte „Pappelplatz“, der den Garten räumlich begrenzte. [251]

Die Freundschaftsinsel wurde im Zweiten Weltkrieg fast vollständig zerstört. Nach dem Krieg gab es auf Drängen Foersters einen Neubeginn. Auf Grundlage der Gestaltung von 1938 kam es in den Jahren 1953–1957 zu einer Restauration der Anlage durch Werner Bauch, Walter Funcke und Hermann Göritz. Zusätzlich entstand eine Wasserachse aus fünf Becken mit vier runden Springbrunnen, in denen Wasser-, Sumpf- und Uferpflanzen präsentiert wurden. Der ursprüngliche Plan

von Hermann Mattern sah zwar auch schon eine Wasserachse vor, diese konnte aber aus finanziellen Gründen nicht verwirklicht werden. [252] Auch in den letzten Jahren seines Lebens nahm Foerster starken Einfluss auf die Entwicklung der Freundschaftsinsel. Von 1966 an wurde sie von Peter Altmann geleitet, der vorher bei Foerster als Gärtner gearbeitet hatte. Altmann und Foerster standen bis zum Tode Foersters 1970 in engem Kontakt. [253]

Im Rahmen der Zehnten Weltfestspiele wurde der Garten 1973 komplett umgestaltet. Dabei ging der ursprüngliche Charakter eines Lehr- und Versuchsgartens weitgehend verloren. Von 1974–1979 überarbeiteten Walter Funcke, Hermann Göritz und Peter Altmann nochmals die Gesamtanlage. [254] Im Zuge der Bundesgartenschau wurde die Freundschaftsinsel von 1996–2001 gartendenkmalpflegerisch durch das Garten- und Landschaftsarchitekturteam von Topos aus Berlin restauriert. Dabei fanden die Planungsmerkmale der vergangenen Entwürfe Berücksichtigung.

Die wichtigsten Elemente der Anlage, die Sandsteinpergola, die Torhausanlage, die Wasserachse und der Rosengarten, wurden restauriert. Darüber hinaus entstand ein "Sortenmuseum", das die Züchtungen Foersters zeigt: Über 200 Foerster-Stauden wurden gesammelt und neu aufgepflanzt. [255]

Nach der Freundschaftsinsel entstand 1939 anlässlich der Reichsgartenschau der zweite Schau- und Sichtungsgarten auf dem Stuttgarter Killesberg. Der Zweite Weltkrieg zerstörte die ersten Versuche der planmäßigen Staudensichtung. [256]

Nach Ende des Krieges wurde der Sichtungsgedanke wiederaufgenommen. Es entstanden Sichtungsgärten in Weihenstephan, Hannover, Hamburg und Erfurt. Die größtenteils zerstörte Freundschaftsinsel wurde – wie bereits beschrieben – wiederhergestellt. 1952 wurde die „Arbeitsgemeinschaft Selektion und Züchtung der Blütenstauden“ gegründet. Richard Hansen übernahm die Leitung. Aus dieser Einrichtung ging später die Arbeitsgemeinschaft Staudensichtung unter dem Dachverband des Bundes deutscher Staudengärtner hervor. 1997 wurde dieser Arbeitskreis reorganisiert. [257] Er besteht aktuell aus 14 deutschen und zwei schweizerischen Sichtungsgärten. Dazu kommt ein Sichtungsgarten in Wien. Die deutschen Sichtungsstandorte befinden sich heute in Bernburg, Bonn, Dresden, Düsseldorf, Erfurt, Hannover, Heidelberg, Höxter, Stuttgart-Hohenheim, Marquardt (Ortsteil Potsdams), Nürtingen, Osnabrück, Weihenstephan (Stadtteil Freisings) und Weinheim (a.d. Bergstraße). In der Schweiz befinden sich die Standorte in Oeschberg und Wädenswil. [258]

Nach dem Zweiten Weltkrieg erneuerte Karl Foerster seine Forderungen nach Schau- und Sichtungsgärten, besonders auch auf europäischer und internationaler Ebene: „Wir wagen die Vorhersage, dass die Menschheit unseres Erdteils sich in kommenden Jahrzehnten aus Ursachen mannigfachster Art einem tieferen Gartenkultus zuwenden wird, als jemals bisher. Und dies wird die groß gewordene Gemeinde der Gartenmenschen jedes Volkes dazu bewegen, eine Fühlung mit den Gartenzuständen und Fortschritten auch der anderen Europaländer aufzunehmen wie nie zuvor. Wir werden einem europäischen Gartengespräch entgegengehen,

Bepflanzung der Freundschaftsinsel.
Eine Hommage an Karl Foerster

Phlox paniculata 'Düsterlohe', sehr anpassungsfähige Auslese. Züchtung 1964

wenn wir die Gartendinge so lebenswichtig nehmen, wie sie sind. Und auf diesen Leitungsbahnen werden sich auch Ströme nichtgeahnter Annäherung und Anteilnahme bewegen." [259]

Foerster schlug vor, „Kraftstationen des europäischen Gartenstromnetzes" zu gründen. Darunter verstand er die Anlage von Schau- und Sichtungsgärten in der Nähe aller großen Städte in Europa. Auf Initiative Foersters entstanden Sichtungsgärten in Bern (Schweiz) und Riga (Lettland). [260]

1965 wurde die „Internationale Staudenunion" von deutschen, niederländischen und schweizerischen Staudengärtnern in Hannover gegründet. Sie hat sich inzwischen zu einer Gemeinschaft entwickelt, der Staudengärtner, Vertreter verwandter Berufe, aber auch Organisationen und Institutionen aus 17 europäischen Ländern, den USA, Kanada und Argentinien angehören. Sie zählt heute etwa 500 Mitglieder. Die Ziele der Internationalen Staudenunion sind: „Förderung der Kontakte und des zwischenstaatlichen Erfahrungsaustausches, Bearbeitung von Nomenklaturfragen und die Förderung und Koordinierung der Staudensichtung." [261]

Um die Staudensichtung auf internationaler Ebene abzustimmen, findet alle zwei Jahre eine Sichtungstagung statt. Die Ergebnisse der Staudensichtung werden in den Jahrbüchern der Organisation veröffentlicht.[262]

Karl Foerster hatte eine internationale Verständigung über Staudensichtung angeregt. Seine Vorstellungen wurden von der Internationalen Staudenunion aufgenommen und weitergeführt. 1966 wurde Karl Foerster zum ersten Ehrenmitglied der internationalen Vereinigung ernannt. [263]

Eindruck von der Freundschaftsinsel heute

Nachwort

„Wer Träume verwirklichen will, muss wacher sein und tiefer träumen als andere." [264]

In seinem gesamten züchterischen und schriftstellerischen Wirken ließ Karl Foerster sich von einem großen Ziel leiten: Er wollte *„Neue Blumen – Neue Gärten"*, den *„Blütengarten der Zukunft"* schaffen. Die große Aufgabe, der er sich stellte, wuchs aus seiner Zugewandtheit zur monistischen Naturphilosophie und aus romantischer und humanistischer Prägung.

Foerster stand der „göttlichen Natur" ehrfürchtig gegenüber. Es genügte ihm nicht, sie zu erforschen und zu erhalten. Er wollte als Gärtner schöpferisch den in der Natur verborgenen „Heilsplan" fortführen, von dessen Existenz er überzeugt war. Dies bedeutete aus seiner Sicht vor allem, die in den Pflanzen schlummernden Potenziale durch Züchtung ans Licht und zu schönerer und vollkommenerer Ausprägung zu bringen. Im Erkennen und Weiterführen der in der Natur angelegten Möglichkeiten sah Foerster eine Höherentwicklung der Kultur. Er sah sich selbst am Anfang einer neuen Entwicklung der Gartenkunst: „Wer nicht das Neue im Garten mitmacht und dadurch das Gefühl hat, ich werde nicht nur getragen, sondern ich trage auch, der kann seinen alten Lieblingsblumen [...] nicht gerade ins Auge sehen." [265]

Als Züchter führte Karl Foerster zahlreiche Wildstauden in die Gartenkultur ein. Es ist im Wesentlichen sein Verdienst, dass Gräser und Farne im Garten „Einzug hielten". Er erkannte ihren Wert für die Gartengestaltung und propagierte ihre Verwendung. Besonders bekannt geworden ist Foerster aber durch Prachtstaudenzüchtungen, wie Rittersporn und Phlox. Viele Staudenzüchtungen und Neueinführungen Foersters sind noch immer unübertroffen und fester Bestandteil heutiger Staudensortimente.

Mit großem Erfolg hat Foerster sich auf nationaler und internationaler Ebene für die Staudensichtung eingesetzt und für die Errichtung von Schau- und Sichtungsgärten geworben. Foerster betrachtete den Garten als Keimzelle einer umfassenden kulturellen Entwicklung. Er sah im Garten einen Wohn- und Lebensraum für alle Bevölkerungsschichten. Deshalb entwickelte er als einer der Ersten Vorstellungen, wie ein pflegeleichter und damit kostengünstiger Garten zu verwirklichen sei. Kernpunkte dieses Konzeptes waren die Züchtung von pflegeleichten Stauden, die geeignete „Pflanzenbenachbarung", das heißt die Beachtung der Wuchsdynamik bei der Kombination von

Pflanzen, sowie ihre standortgerechte Verwendung. Die Grundidee der Zuordnung von Pflanzen zu Lebensbereichen hat Richard Hansen aufgegriffen und entwickelt. Sein Buch „*Die Stauden und ihre Lebensbereiche*" gilt immer noch als Standardwerk.

Bei der Bepflanzungsplanung hat Karl Foerster nicht nur chromatische und komplementäre Farbharmonien beachtet, sondern er hat auch die Wirkung von Texturen, Konturen und unterschiedlichen Grüntönen erkannt und einbezogen. Dabei hatte er einen zu allen Jahreszeiten „schönen" Garten im Auge. Den strukturellen Aufbau von Pflanzungen betreffend, empfahl Foerster, die enge Verzahnung von Gehölz- und Staudenpflanzungen, die Verwendung eines Grundgerüstes von strukturgebenden Elementen bzw. Leitstauden sowie die rhythmische Anordnung von Pflanzen. Dies sind wichtige Kriterien, die noch heute Gartengestalter in ihre naturnahen Bepflanzungsplanungen einbeziehen.

Foerster ist als Gartengestalter weniger in Erscheinung getreten. Er hat jedoch über die Arbeitsgemeinschaft mit Hermann Mattern und Herta Hammerbacher, über Freunde und Bekannte des „Bornimer Kreises" und über seine schriftstellerische Tätigkeit vielfältigen Einfluss auf die Gestaltung von Gärten genommen. Seine Vorstellungen von Gartengestaltung haben eine breite Öffentlichkeit erreicht. Generationen von Landschaftsarchitekten sind durch ihn geprägt worden.

Karl Foerster hat zur besseren Verständigung und Zusammenarbeit von Pflanzenzüchtern und Gartengestaltern beigetragen. In seinen „Bornimer Katalogen" machte er schon sehr früh „Benachbarungsvorschläge". In Zeitschriften und Büchern gab er unermüdlich gartengestalterische Ratschläge und Hinweise und veröffentlichte Listen, die über wichtige Pflanzeneigenschaften Auskunft gaben. Solche Planungshilfen sind für Gartenarchitekten heute selbstverständlich.
Karl Foerster war eine charismatische Persönlichkeit, die ihre Ideen überzeugend vermitteln konnte, im Gedankenaustausch und direkten Kontakt mit Kollegen und Freunden und in bildhafter und humorvoller schriftlicher Darlegung.

Foersters Bücher und Zeitschriftenartikel enthalten viele prägnante und originelle Aussprüche, die gern zitiert werden und seine sprachschöpferischen Fähigkeiten unter Beweis stellen. Anschaulich und eingängig sind auch die deutschen Namen, die Foerster für seine Neuzüchtungen gefunden hat. Karl Foerster war ein Visionär der Gartenkultur und seiner Zeit weit voraus. Seine Vorstellungen sind noch immer zeitgemäß. Ein Großteil seiner 26 Bücher wird 40 Jahre nach seinem Tod im Wesentlichen unverändert veröffentlicht und nur durch neuere Pflanzenzüchtungen ergänzt. Noch heute sehen sich bekannte Züchter, Gärtner und Landschaftsarchitekten in Foersters Nachfolge. Hans-Dieter Warda, Hans Simon, Piet Oudolf und Wolfgang Oehme können hier stellvertretend für viele „Foersterianer" genannt werden.

Namhafte Persönlichkeiten haben Karl Foerster anerkennend gewürdigt. Von Hans Scharoun ist das Zitat überliefert: „Gott machte das Land, Foerster die Blume". [266] Richard Hansen beschrieb ihn als „großen Revolutionär des Gartengedankens unseres Jahrhunderts." [267] Besonders treffend charakterisierte ihn Herta Hammerbacher, als sie schrieb: „Karl Foerster war nicht nur Gärtner allein. Er war ein universaler Mensch und hat gemeint, jeder Mensch müßte Gärtner sein, er hat das Gärtnern als zum Menschsein gehörig angesehen."[268]

Anmerkungen

1 Foerster, M. 2005, Seite 5.

2 Foerster, K. o.J.: Elternhaus in der Sternwarte. Nachlass, Seite 22-38.

3 Ebd.

4 Foerster, F.W. 1953: Seite 38.

5 Foerster, W. 1936: Seite 52-54.

6 Foerster K. 1889 - 1891: Seite 87.

7 Foerster, M. 2005: Seite 8.

8 Foerster, K. 1917: Seite 150.

9 Foerster, K. 1943a: Seite 327.

10 Dümpelmann, S. 2001: Seite 23; Viering, K. 2001: Seite 13.

11 Foerster, K. 1943a: Seite 323.

12 Altmann, P. 2005: o.S.

13 Foerster, E.; Rostin, G. (Hg.) 2001: Seite 208.

14 Foerster, K. 1987: Seite 10; Foerster, E., Rostin (Hg.): Seite 226.

15 Foerster, K. 1991: Seite 12.

16 Foerster, K. 1934c: Seite 350.

17 Das Buch "Wood and Garden" erschien 1907 in deutscher Übersetzung unter dem Titel "Wald und Garten - Praktische und kritische Anmerkungen und Gedanken eines arbeitenden Amateurs. Einzige berechtigte Übersetzung nach der 10. Auflage des Originals von Gertrude von Sanden" (Julius Baedeker Verlag, 1907).

18 Die deutschsprachige Übersetzung ist unter dem Titel „Pflanzenbilder aus meinem Garten - Über englische Gartengestaltung" - erschienen im Verlag Eugen Ulmer, 1988.

19 Foerster, K. o.J.: Seite 78.

20 Foerster, K. 1923: Seite 97.

21 Ebd.: Seite 98.

22 Karl Foerster zitiert nach Foerster, M. 2005: Seite 72.

23 Vgl. http://www.karl-foerster-stiftung.de/; Bornimer Kreis; Aufruf: April 2011.

24 Vgl. Gröning, G.; Wolschke-Buhlmahn, J. 1997: Seite 101-102.

25 Vgl. http://www.karl-foerster-stiftung.de/; Bornimer Kreis; Aufruf: April 2011.

26 Vgl. ebd.

27 Vgl. ebd.

28 Vgl. ebd.

29 Vgl. ebd.

30 Vgl. ebd.

31 Foerster, M. 2005: Seite 16.

32 Gröning, G.; Wolschke-Buhlmahn, J. 1997: 124. Herta Hammerbacher (o.J.: Seite 21) beschreibt eine Gruppe von Studenten aus Dahlem als „Karl-Foerster-Kreis". Sie pflegten einen engen Kontakt zu Karl Foerster während der Studienzeit und danach. Sie zählte sich, Hermann Mattern, Ulrich Wolf und Adolf Haag dazu.

33 Kreuter, M.-L. 2006: Seite 152.

34 Kreuter, M.-L. 2006: Seite 153.

35 Müller, W. 2002: Seite 18 - 19.

36 Gröning, G.; Wolschke-Buhlmahn, J. 1997: Seite 378.

37 Gröning, G.; Wolschke-Buhlmahn, J. 1997: Seite 426.

38 Foerster, K. 1941d: Seite 330 - 332.

39 Foerster, K. 1950: Seite 262.

40 Vgl Körner, S. 1996, Seite 33.

41 Foerster, K. 1950: Seite 262.

42 Foerster, K. 1934c: Seite 13 - 14.

43 Foerster, K. 1987: Seite 16.

44 Foerster, K. 1934c: Seite 33.

45 Foerster, K. 1907: Seite 1.

46 Mader, G. 1999: Seite 75.

47 vgl. Seifert, A. 1929a-d , 1930 a, b.

48 Seifert, A. 1939a: Seite 2.

49 ebd.

50 Seifert, A. 1939b: Seite 44.

51 Foerster, K. 1938c: o.S.

52 Seifert, A. 1930a: Seite 164.

53 Seifert, A. 1939b, Seite 44.

54 Seifert unterschied nur Garten und freie Landschaft. Aus seinen Aussagen kann jedoch geschlossen werden, dass er auch die Verwendung von fremdländischen Pflanzen in Parkanlagen überwiegend ablehnte, da ein Bezug zur freien Landschaft fast immer vorhanden ist. Dies lässt sich anhand eines Beispieles, das er anführt, bestätigen. Beim Kurpark Berchtesgaden kritisierte Seifert, dass dort Tulpenbaum gepflanzt wurde, stattdessen hätte man - seiner Ansicht nach - heimischen Berg-Ahorn verwenden sollen (vgl. Seifert, A. 1939 b: Seite 43).

55 Seifert, A. 1939b: Seite 42.

56 Vgl. Körner, S. 2001: Seite 284.

57 Seifert, A. 1939a: Seite 3.

58 Seifert, A. 1930b: Seite 166.

59 Foerster, K. 1941a: Seite 128.

60 Foerster, K. 1938c: o.S.

61 Foerster, K. 1941a: Seite 128.

62 Foerster, K. 1942, zitiert nach Kreuter, M.-L. 2006: Seite 142.

63 Hansen, R. 1980: Seite 44f.

64 Foerster, K. 1934c: Seite 292

65 Foerster, K. 1934b: Seite 147.

66 Foerster, K. 1934c: Seite 346.

67 Foerster, K. 1934c: Seiten 31, 369.

68 Möglicherweise hatte sich Foerster hierbei auch von Berthold Körtings Werk inspirieren lassen: „Mit voller Sicherheit gab Körting der Welt der festen Gartenarchitektur und des Farbengartens auf der einen Seite und der Welt des veredelten Wildnisgartens auf der anderen Seite das, was jeder gebührte. Sogar in feinen Verbindungen der beiden Kunstarten äußerte sich neues Pfadfindertum, wie die Bilder des Springerschen Garten erweisen." Aus: Foerster, K. 1930: Seite 205.

69 Der Gartenarchitekt Harry Maasz bezeichnet 1931 erstmals Hausgärten als Wohngärten.

70 Foerster, K. 1931d: o.S.

71 Gartenanlage für die Familie von Hans Poelzig, Architekt, Maler, Szenograf und Hochschullehrer (siehe Seite 96).

72 Foerster, K. 1925a: Seite 9

73 Ebd.

74 Foerster, K. 1920a: Seite 2, und Foerster, K. 1922 d: Seite 22.

75 Foerster, K. 1934c: Seite 330 – 331.

76 Foerster, K. 1965: Seite 67.

77 Foerster, K. 1934c: Seite 348 – 350

78 Foerster, K. 1922d: Seite 22.

79 Foerster, K. 1925d, Seite 212.

80 Krüger, F.H.O. 1927a: Seite 234.

81 Krüger, F.H.O. 1927b: Seite 260.

82 Ebd.

83 Foerster K. 1950: Seite 168.

84 Vgl. Borchardt, W. 1999: Seite 44.

85 Foerster, K. 1997: Seite 96.

86 Novalis o.J.: Seite 11.

87 Helwig, W. 1960: Seite 207.

88 Die Sorte 'Arnold Böcklin' ist die erste, nachweißlich Foerster zurechenbare Rittersporn-Sorte (Auskunft Konrad Näser).

89 Foerster, K. 1928: Seite 294.

90 Foerster, K. 1934c: Seite 155.

91 Foerster, K. 1931c: Seite 65 – 67.

92 Foerster, K. 1934c: Seite 190.

93 Foerster, K. 1920d: Seite 108.

94 Foerster, K. 1934c: Seite 208.

95 Foerster, K. 1925c: Seite 166.

96 Foerster, K. 1920d: Seite 108.

97 Foerster, M. 2005: Seite 112.

98 Foerster, K. 1934c: Seite 343.

99 Foerster, K. 1991: Seite 62.

100 Foerster, K. 1922c: Seite 229.

101 Ebd: Seite 230.

102 gemeint ist: *Berberis x ottawensis*

103 Foerster, K. 1917: Seite 17.

104 Foerster, K. 1931c: Seite 65.

105 Foerster, K. 1987: Seite 79.

106 Vgl. ebd.

107 Foerster, K. 1934c: Seite 239

108 Goethe, zitiert nach Matthaei, R. 1971: Seite 13.

109 Ebd.: Seite 46.

110 Foerster, K. 1950: Seite 165.

111 Ebd.: Seite 168 – 169.

112 Goethe, zitiert nach Matthaei, R. (Hg.) 1955: Seite 229 – 231.

113 Däumel, G. 1967: Seite 10.

114 Borchardt, W. 1999: Seite 50.

115 Foerster, K. 1991: Seite 45 – 46.

116 Vgl. Foerster, K. 1940: Seiten 85, 99.

117 Vgl. Foerster, K. 1940: Seite 42.

118 Jekyll 1907, o.S., zitiert nach Foerster, K. 1917: Seite 80.

119 Foerster, K. 1940: Seite 48.

120 Vgl. z.B. Foerster, K. 1934c: Seite 100 – 105; Foerster, K.: 1940: Seite 48; Foerster, K. 1987: Seite 108 – 109.

121 Vgl. Foerster, K. 1940: Seite 49 – 50.

122 Foerster, K. 1937b: Seite 197.

123 Foerster, K. 1920b: Seite 68

124 Porikys, G. 1995: 206 – 207.

125 Foerster, K. 1937c: Seite 104.

126 Foerster, K. 1934c: Seite 69. Siehe auch Foerster, K. 1997: Seite 54 – 59.

127 Foerster, K. 1940: Seite 54.

128 Foerster, K. 1997: Seite 108. Gertrude Jekyll versuchte, die natürlichen Muster aus Licht und Schatten zu verstärken. Dies erreichte sie an sonnigen Standorten mit graulaubigen Pflanzen. Die Wirkung des Schattens verstärkte sie unmittelbar an der Grenze zu sonnigen Flächen mit dunkelgrünen Blattschmuckpflanzen, wie Mahonia oder und Yucca. William Robinson befürwortet warme Farben in sonnigen Lagen und kalte Farben wie Blau, kaltes Weiß, blassestes Gelb und frisches Grün für schattige Plätze.

129 Foerster, K. 1997: Seite 54.

130 Foerster, K. 1978: Seite 11.

131 Foerster, K. 1997: Seite 55.

132 Ebd: Seite 54.

133 Foerster, K. 1957: Seite 296.

134 Foerster, K. 1934c: Seite 291.

135 Foerster bezeichnete dominierende Stauden mit auffallenden Blüten als

Lange- und Öfterblüher, Dauerblüher und Langspielplatten. Siehe: Foerster, K. 1934 c: Seite 307; Foerster, K. 1991: Seite 5.

136 Hansen, R. 1997: Seite 60.

137 Foerster, K. 1978: Seite 123.

138 Goethe, zitiert nach Foerster, K. 1991: Seite 52.

139 Foerster, K. 1934c: Seite 132.

140 Foerster, K. 1978: Seite 126.

141 Ebd.; siehe auch Foerster, K. 1991: Seite 86-87.

142 Foerster, K. 1978: Seite 229-233.

143 Vgl. Foerster, K. 1922b: Seite 204.

144 Foerster, K. 1934c: Seite 217.

145 Foerster, K. 1991: Seite 102.

146 Vgl. ebd.

147 Vgl. Foerster, K. 1957: Seite 116 und 225.

148 Hansen, R. 1997: Seite 63-71.

149 Vgl. z.B. Foerster, K. 1912b: Seite 166; Foerster, K. 1957: Seite 118.

150 Hansen, R. 1997: Seite 67.

151 Foerster 1934c: Seite 308.

152 Jekyll 1988: Seite 42.

153 Foerster, K. 1934c: Seite 291.

154 Vgl. Foerster, K. 1924: Seite 189.

155 Vgl. Jekyll, G. 1988: Seite 18.

156 Foerster, K. 1934c: Seite 284.

157 Borchardt, R. 1925: o.S., zitiert nach Foerster, E.; Rostin, G. (Hg.): Seite 205.

158 Vgl. Foerster, K. 1934c: Seite 282-283.

159 Foerster, K. 1925d: Seite 205-213.

160 Foerster, K. 1934c: Seite 293; Foerster, K. 1991: Seite 102.

161 Foerster, K. 1924: Seite 189.

162 Foerster, K. 1934c: Seite 306.

163 Ebd.

164 Robinson, W. 1883: Seite 86, zitiert nach Körner, S. 2001: Seite 274.

165 Foerster, K.: Seite 307.

166 Vgl. Foerster, K. 1925d: Seite 209.

167 Vgl. Foerster, K. 1925d: Seite 212.

168 Vgl. Robinson, W. 1879: Seite 27, Robinson, W. 1883: Seite 27, zitiert nach Wimmer, A. 1989: Seite 327.

169 Vgl. Foerster, K. 1912b: Seite 197.

170 Vgl. Oehme, W. 1991: Seiten 28 und 42.

171 Foerster, K. 1934 c: Seite 303.

172 Vgl. Foerster, K. 1912b: Seiten 166 und 208.

173 Vgl. Foerster K. 1912b: Seite 209-210.

174 Foerster, K. 1920e: Seite 20.

175 Foerster, K. 1926b: Seite 53.

176 Ebd.

177 Vgl. Foerster, K. 1925b: Seite 37.

178 Foerster, K. 1925b: Seite 37.

179 Vgl. Foerster, K. 1927: Seite 303.

180 Vgl. Foerster, K. 1912b: Seite 166, siehe Seite 101 Gärten der Arbeitsgemeinschaft, Bild: Hausgarten Winkelmann.

181 Vgl. Foerster, K. 1912b: Seite 209.

182 Foerster, K. 1927: Seite 303.

183 Foerster, K. 1934c: Seite 52.

184 Foerster K. 1912: Seite 3.

185 Foerster, E.; Rostin, G. (Hg.) 2001: Seite 182.

186 Reitsam, Ch. 1998a: Seite 38.

187 Mattern, H. 1960: Seite 95.

188 Vgl. Reitsam, Ch. 1998a: Seite 38-41.

189 Vgl. Reitsam, Ch. 1998b: Seite 37-40.

190 Hammerbacher, H. o.J.: Seite 21.

191 Vgl. Gröning, G.; Wolschke-Buhlmahn, J. 1997: Seite 245-251.

192 Vgl. Gröning, G.; Wolschke-Buhlmahn, J. 1997: Seite 126-127.

193 Hammerbacher, H. (o.J.): Seite 22.

194 Hammerbacher, H.; Foerster, K.; Poelzig, H. 1931: Seite 26-30.

195 Hottenträger, G. 1992: Seite 219-221.

196 Holzlöhner, I. 1982: Seite 27-28.

197 Mattern, H. 1937: o.S. zitiert nach Holzlöhner, I. 1982: Seite 28.

198 Hanisch, K.-H. o.J.: 67-68.

199 Mader, G. 1999: Seite 108.

200 Foerster, K. 1934c: Seite 52.

201 Foerster, K. 1991: Seite 49.

202 Foerster, K.1917: Seite 159.

203 Gottfried Kühn, zitiert nach Kreuter, M.-L. 2006: Seite 21.

204 Herta Hammerbacher, zitiert nach Kreuter, M.-L. 2006: ebd.

205 Vgl. http://www.karl-foerster-stiftung.de/; Karl Foerster - Der Gärtner; Abgerufen: April 2010.

206 Foerster, K. 1990: Seite 30-31.

207 Vgl. Foerster, K. 1944: Seite 36 und 39.

208 Foerster, K. 1932: Seite 75.

209 Vgl. Wimmer, A. 1989: Seite 325.

210 Näser. K. 1999: Seite 27.

211 Foerster, K. 1943b: o. S.

212 Näser, K. 1995: Seite 226.

213 Kreuter, M.-L. 2006: Seite 3.

214 Foerster, K. 1978: Seite 9.

215 Foerster, K. 1950: Seite 93.

216 Vgl. ebd.: Seite 98.

217 Vgl. Foerster, K. 1978: Seite 123.

218 Vgl. Foerster, K. 1978: Seite 8–12.

219 Vgl. ebd.

220 C.R. Jelitto zitiert nach Kreuter, M.-L. 2006: Seite 69.

221 Foerster, K. 1917: Seite 82.

222 Vgl. Foerster, K. 1921: 169–170.

223 Vgl. Foerster, K. 1931a: Seite 22; Foerster, K. 1934c: Seite 133.

224 Foerster, E., Rostin (Hg): Seite 287–288.

225 Vgl. Foerster, K. 1942: Seite 48.

226 Vgl. Das Gartenamt (Hg.) 1971: Seite 34.

227 Vgl. Kreuter, M.-L. 2006: Seite 77–80.

228 Jones, D. o.J.: 454–455.

229 Vgl. Foerster, K. 1978: 136–138.

230 Vgl. z.B. Foerster, K. 1941b: 165–167.

231 Vgl. Foerster, K. 1950: Seite 107.

232 Näser, K. 1995: Seite 230; Denkewitz, L.: 1995: Seite 24.

233 Näser, K. 1995: Seite 228.

234 Vgl. Kreuter, M.-L. 2006: Seite 42.

235 Vgl. Altwegg, A. 1999: Seite 63.

236 Vgl. Kreuter, M.-L. 2006: Seite 42.

237 Näser, K. 1995. Seite 227.

238 Der Slogan ist die gekürzte Form des Ausspruchs Foersters:
„Ein Gartenleben ohne Phlox ist kein bloßer Irrtum, sondern eine Versündigung gegen den Sommer." Aus: Foerster, M. 2005: Seite 81.

239 Händel, A.: mündlich übermittelt, 2006.

240 Vgl. Näser, K. 1995: Seite 227–229.

241 Pagels, E. o.J., zitiert nach Müller, W. 2002: Seite 84.

242 Vgl. Kreuter, M.-L. 2006: Seite 66.

243 Eigentlich wurden die ersten beiden Sorten von Heinz Hagemann eingeführt: „Die *Rudbeckia sullivantii* 'Goldsturm' brachte ich 1938 aus der Tschechoslowakei mit. Ich hatte ein paar Rißlinge im Rucksack. Die gab ich Karl Foerster und sagte: 'Das ist was Neues, das ist besser als *Rudbeckia neumannii* [R. newmanii; heute: *Rudbeckia fulgida* var. *speciosa*].' – 'Das glaube ich nicht, die neumannii ist so vollkommen, das kann ich mir gar nicht denken. Na ja, wir pflanzen sie mal auf und dann schauen wir uns sie mal an.' – Es verging ein Jahr, dann waren die Pflanzen herangewachsen und blühten im August. Karl Foerster kam immer erst morgens um 10 Uhr in den Betrieb und jetzt sah er die 'Goldsturm' blühen. Ich habe das beobachtet. Er lief drumherum, guckte sie an und ging wieder weg. Nach dem Mittagessen kam er wieder, und das ging so drei Tage. Dann sagte er: 'Du hast recht gehabt, das ist was Besseres. Aber der Name, der taugt gar nichts. Da müssen wir einen ganz anderen Namen finden. Ja – was sagen wir bloß?'– Dann kam er am anderen Tag wieder und sagte: 'Ich hab's die heißt *Rudbeckia* 'Goldsturm', von heute an!'"
Gypsophila 'Rosenschleier' brachte Hagemann aus einem Rumänienurlaub mit (vgl. Kreuter, M.-L. 2006: Seite 28–29).

244 Foerster M. 2005: Seite 59.

245 Vgl. Foerster, K. 1917: Seite 154–156.

246 Vgl. Foerster, K. o.J.d: Katalog 60, Mappe 15.

247 Ebd.

248 Vgl. Foerster, E: Rostin, G. (Hg.) 2001: Seite 166.

249 Foerster, K. 1926a: o.S.

250 Vgl. Hansen, R. 1980: Seite 27–28.

251 Vgl. Kasiske, M. 2001: Seite 36–39.

252 Vgl. ebd.

253 Vgl. Foerster, E.; Rostin, G. (Hg.) 2001: Seite 418.

254 Vgl. Kasiske, M. 2001: Seite 36–39.

255 Topos (Hg.) o.J.: o.S.

256 Vgl. Foerster, E.; Rostin, G. (Hg.) 2001: Seite 453.

257 Vgl. Hertle, B. o.J.: Seite 2.

258 Forschungsanstalt für Gartenbau Weihenstephan (Hg.) o.J.: o. S.

259 Foerster, K. 1950: Seite 18.

260 Vgl. Foerster, Marianne: mündlich übermittelt, 2006

261 Internationale Staudenunion (Hg.) 2006: o.S.

262 Ebd.

263 Vgl. Foerster, E.; Rostin, G. (Hg.) 2001: Seite 480.

264 Foerster, E. ; Rostin, G. (Hg.) 2001: Seite 453.

265 Foerster, K. 1934c: Seite 211.

266 Foerster, E.; Rostin, G. (Hg.) 2001: Seite 408.

267 Foerster, E.; Rostin, G. (Hg.) 2001: Seite 19.

268 Hammerbacher, H. o.J.: o.S., zitiert nach Kreuter, M.-L. 2006: Seite 4.

Zum Nachlesen und Weiterlesen

Akademie der Künste, Technische Universität Berlin (Hg.) (1982): *Hermann Mattern 1902–1971 – Gärten, Gartenlandschaften, Häuser.* Ausstellungskatalog der Technischen Universität, Berlin.

Altmann, Peter (2005): *Der Inselgärtner. Die Lebensgeschichte von Peter Altmann.* Schibri-Verlag, Milow.

Altwegg, Andreas (1999): *Phönix aus der Asche. Die Wiedergeburt der Staudengärtnerei Foerster in Potsdam-Bornim.* In: *Jahrbuch Internationale Staudenunion 1999*, Seite 61–64. Hillegom (NL).

von Barloewen, Bengt (o.J): *Ein glücklicher Mensch – Manuskript.* Nachlass Karl Foerster Deutsche Staatsbibliothek Berlin, Katalog 40, Mappe 3.

Behrens, Peter (1926): *Körtings Garten.* In: *Gartenschönheit,* Sammelband 1926, Seite 281–284. Verlag der Gartenschönheit, Berlin.

Berenberg, Monica Lepsius (o.J.): *Der große Gartenzauberer.* In: Foerster, Eva; Rostin, Gerd (Hg.) (2001): *Ein Garten der Erinnnerung.* 5. Auflage, Seite 99–104. L und H Verlag, Hamburg.

Bisgrove, Richard (1994): *Die Gärten der Gertrude Jekyll.* Verlag Eugen Ulmer, Stuttgart.

Borchardt, Wolfgang (1998): *Pflanzenkompositionen – Die Kunst der Pflanzenverwendung.* Verlag Eugen Ulmer, Stuttgart.

Borchardt, Wolfgang (1999): *Pflanzenverwendung im Garten- und Landschaftsbau.* 2., überarbeitete Auflage. Verlag Eugen Ulmer, Stuttgart.

Brandenburgische Neueste Nachrichte (11.9.1959): *Weltberühmter Staudenzüchter beschritt sozialistischen Weg.* In: *Brandenburgische Neueste Nachrichten*, Potsdam. Nachlass Karl Foerster, Deutsche Staatsbibliothek Berlin, Katalog 62, Mappe 32

Bromme, Max (1931): *DR. e.h. Fritz Encke, Gartendirektor i. R. der Stadt Köln zum Gedächtnis.* In: Die *Gartenkunst* April 1931, Seite 51–52. Werner Verlag, Worms.

Däumel, Gerd (1967): *Textur als Pflanzeneigenschaft.* In: *Neue Landschaft* 1/67, Seite 1–18. Patzer Verlag, Berlin.

Denkewitz, Lothar (1995): *Farngärten.* Eugen Ulmer Verlag, 1995.

Dümpelmann, Sonja (16.8.2001): *Suchet und ihr werdet noch anderes finden. Die Forschung entdeckt Neues im Leben des Gärtners und Schriftstellers Karl Foerster.* In: Der *Tagesspiegel*, Seite 23. Verlag der Tagesspiegel, Berlin.

Erhardt, Walter; Götz, Erich; Bödecker, Nils; Seybold, Siegmund (2008): *Zander Handwörterbuch der Pflanzennamen.* 18., überarbeitete Auflage. Verlag Eugen Ulmer, Stuttgart.

Foerster, Eva; Rostin, Gerd (Hg.) (2001): *Ein Garten der Erinnerung.* 5. Auflage. L und H Verlag, Hamburg.

Foerster, Friedrich Wilhelm (1953): Erlebte Weltgeschichte 1869–1953. In: Foerster, Eva; Rostin, Gerd (Hg.) (2001): *Ein Garten der Erinnerung. Meine Eltern.* 5. Auflage, Seite 38–50. L und H Verlag, Hamburg.

Foerster, Karl (o.J.a): *Elternhaus in der Sternwarte.* Schriften aus dem Nachlass der Deutschen Staatsbibliothek Berlin. In: Foerster, Eva; Rostin, Gerd (Hg.) (2001): *Ein Garten der Erinnerung.* 5. Auflage, Seite 22–39. L und H Verlag, Hamburg.

Foerster, Karl (o.J.b): *Garten und Familie.* Schriften aus dem Nachlaß der Deutschen Staatsbibliothek Berlin. In: Foerster, Eva; Rostin, Gerd (Hg.) (2001): *Ein Garten der Erinnerung.* 5. Auflage, Seite 419–423. L und H Verlag, Hamburg.

Foerster, Karl (o.J.c): *Das Lebensprogramm des jungen Gärtners.* In: Foerster, Eva; Rostin, Gerd (Hg.) (2001): *Ein Garten der Erinnerung.* 5. Auflage, Seite 77–79. L und H Verlag, Hamburg.

Foerster, Karl (o.J.d): *Über Schau- und Sichtungsgärten.* Nachlass Karl Foerster, Staatsbibliothek Berlin, Katalog 60, Mappe 15.

Foerster, Karl (o.J.e): *Lehrjahre in Schwerin, 1889–1891.* Briefe aus dem Nachlass der Deutschen. Staatsbibliothek Berlin. In: Foerster, Eva; Rostin, Gerd (Hg.) (2001): *Ein Garten der Erinnerung.* 5. Auflage, Seite 81–88. L und H Verlag, Hamburg.

Foerster, Karl (o.J.f): *Arbeit in der Staudengärtnerei Nonne und Hoepker, Ahrensburg, Sommer 1903.* Briefe aus dem Nachlass der Deutschen Staatsbibliothek Berlin. In: Foerster, Eva; Rostin, Gerd (Hg.) (2001): *Ein Garten der Erinnerung.* 5. Auflage, Seite 94. L und H Verlag, Hamburg.

Foerster, Karl (1907): *Bornimer Katalog.* Nachlass Karl Foerster, Staatsbibliothek Berlin, Katalog 63, Mappe 70.

Foerster, Karl (1912a): *Bornimer Katalog.* Nachlass Karl Foerster, Staatsbibliothek Berlin, Katalog 63, Mappe 70.

Foerster, Karl (1912b): *Winterharte Blütenstauden und Sträucher der Neuzeit.* 2. Auflage, J.J. Weber, Leipzig.

Foerster, Karl (1917): Vom *Blütengarten der Zukunft.* Verlag der Gartenschönheit, Berlin-Westend.

Foerster, Karl (1920a): *Neue Gartenschönheit.* In: *Gartenschönheit*, Sammelband 1920, Seite 1–6. Verlag der Gartenschönheit. Berlin.

Foerster, Karl (1920b): *Blütenbeete: Der Duftgarten.* In: *Gartenschönheit*, Sammelband 1920, Seite 68. Verlag der Gartenschönheit, Berlin.

Foerster, Karl (1920c): *Rittersporn.* In: *Gartenschönheit*, Sammelband 1920, Seite 77–79. Verlag der Gartenschönheit, Berlin.

Foerster, Karl (1920d): *Der gelbe Garten.* In: *Gartenschönheit*, Sammelband 1920, Seite 108–110. Verlag der Gartenschönheit, Berlin.

Foerster, Karl (1920e): *Blütenbeete, Aufgaben und Lösungen.* In: *Gartenschönheit*, Sammelband 1920, Seite 20. Verlag der Gartenschönheit, Berlin.

Foerster, Karl (1921a): *Der immergrüne Steingarten.* In: *Gartenschönheit*, Sammelband 1921, Seite 4–6. Verlag der Gartenschönheit, Berlin.

Foerster, Karl (1921b): *Ausdauernde Schmuckgräser.* In: *Gartenschönheit*, Sammelband 1921, Seite 169 f. Verlag der Gartenschönheit, Berlin.

Foerster, Karl (1922a): *Der Steingarten im Mai.* In: *Gartenschönheit*, Sammelband 1922, Seite 106–108. Verlag der Gartenschönheit, Berlin

Foerster, Karl (1922b): *Malven.* In: *Gartenschönheit*, Sammelband 1922, Seite 204–205. Verlag der Gartenschönheit, Berlin.

Foerster, Karl (1922c): *Buntlaubige Gehölze und Stauden.* In: *Gartenschönheit*, Sammelband 1922, Seite 229–230. Verlag der Gartenschönheit, Berlin.

Foerster, Karl (1922d): *Vom Blütengarten der Zukunft.* 2. Auflage. Verlag der Gartenschönheit, Berlin-Westend.

Foerster, Karl (1923a): *Im Nymphenburger Steingarten.* In: *Gartenschönheit*, Sammelband 1923, Seite 181. Verlag der Gartenschönheit, Berlin.

Foerster, Karl (1923b): *Pruhonitz.* In: *Gartenschönheit*, Sammelband 1923, Seite 97–99. Verlag der Gartenschönheit, Berlin.

Foerster, Karl (1924): *Erleichterte Gartenarbeit an Stauden.* In: *Gartenschönheit*, Sammelband 1924, Seite 188–189. Verlag der Gartenschönheit, Berlin.

Foerster, Karl (1925a): *Kleinarbeit und Dauererfahrung.* In: *Gartenschönheit*, Sammelband 1925, Seite 8–10. Verlag der Gartenschönheit, Berlin.

Foerster, Karl (1925b): *Steingarten im Frühsommer.* In: *Gartenschönheit*, Sammelband 1925, Seite 37. Verlag der Gartenschönheit, Berlin.

Foerster, Karl (1925c): *Fortschritte des gelben Gartens.* In: *Gartenschönheit*, Sammelband 1925, Seite 165–167. Verlag der Gartenschönheit, Berlin.

Foerster, Karl (1925d): *Blumengärten für intelligente Faule.* Monatsheft von Velhagen & Klasing. In: Foerster, Eva; Rostin, Gerd (Hg.) (2001): *Ein Garten der Erinnerung.* 5. Auflage, Seite 205–213. L und H Verlag, Hamburg.

Foerster, Karl (1926a): *Aufruf 1926 des Vereins „Forschungsgarten der Blumenfreunde" zur Werbung von Mitgliedern und Helfern jeder Art in allen Teilen Deutschlands!* Nachlass Karl Foerster, Staatsbibliothek Berlin, Katalog 60, Mappe 2.

Foerster, Karl (1926b): *Eine Staudenrabatte.* In: *Gartenschönheit*, Sammelband 1926, Seite 53. Verlag der Gartenschönheit, Berlin.

Foerster, Karl (1927): *Eine Staudenecke.* In: Gartenschönheit, Sammelband 1927, Seite 303. Verlag der Gartenschönheit, Berlin.

Foerster, Karl (1928): *Reines Blau im Garten.* In: *Gartenschönheit*, Sammelband 1928, Seite 294–296. Verlag der Gartenschönheit, Berlin.

Foerster, Karl (1930): *Neue Wege der Gartenkunst. Berthold Körtings Vermächtnis.* In: *Gartenschönheit*, Sammelband 1930, Seite 203–207. Verlag der Gartenschönheit, Berlin.

Foerster, Karl (1931a): *Einzug der winterharten Schmuckgräser in die Gärten.* In: *Gartenschönheit*, Sammelband 1931, Seite 21–25. Verlag der Gartenschönheit.

Foerster, Karl ;Hammerbacher, Herta; Poelzig, Marlene (1931b): *Neues Bauen und neues Gartenwesen – Der Garten Poelzig.* In: *Gartenschönheit*, Sammelband 1931, Seite 26–28. Verlag der Gartenschönheit, Berlin.

Foerster, Karl (1931c): *Sand im Grammophon – Neue Farbengruppierung im Garten.* In: Gartenschönheit, Sammelband 1931, Seite 65–67. Verlag der Gartenschönheit, Berlin.

Foerster, Karl (1931d): *Wohngarten und Wohngefühl.* In: Zeitung (Name nicht lesbar), März 1931. Nachlass Karl Foerster, Staatsbibliothek Berlin, Katalog 76, Mappe 16.

Foerster, Karl (1932): *Ordnungsgedanken in Haus und Garten.* In: *Gartenschönheit*, Sammelband 1932, Begleitheft *Gartenwerk*, Seite 75. Verlag der Gartenschönheit, Berlin.

Foerster, Karl (1934a): *Der deutsche Dorfgarten 1934.* Nachlass Karl Foerster, Staatsbibliothek Berlin, Katalog 59, Mappe 4.

Foerster, Karl (1934b): *Garten als Gemeinschaftsraum.* In: *Gartenschönheit*, Sammelband 1934, Seite 146–148.

Foerster, Karl (1934c, 1988): *Garten als Zauberschlüssel.* Unveränderter Nachdruck, Jagd und Kulturverlag, Salzberg.

Foerster, Karl (1934d): *Im Nymphenburger botanischen Garten im Juli.* In: *Gartenschönheit*, Sammelband 1934, Seite 47–49. Verlag der Gartenschönheit, Berlin.

Foerster, Karl (1937a): *Blumen auf Europas Zinnen.* Rotapfel Verlag, Erlenbach b. Zürich

Foerster, Karl (1937b): *Gartenfreude wie noch nie: Kleines Gartenärgerlexikon.* Folgeband des Bornimer Wegweisers. Verlag der Aktiengesellschaft für Druck und Verlag, Kassel

Foerster, Karl (1937c): *Glücklich durchbrochenes Schweigen. Betroffene Gedanken über das Häufigste, Flüchtige, Seltene.* Rowohlt, Berlin.

Foerster, Karl (1938): Was *wünschen wir Gartenfreunde uns vom kommenden Jahr?* In: *Gartenschönheit*, Sammelband 1938, Seite 2f. Verlag der Gartenschönheit, Berlin.

Foerster, Karl (1940a): *Lebende Gartentabellen: Herzhafte Hilfe für Gartensucher aller Art.* Verlag der Gartenschönheit, Karl Specht KG, Berlin.

Foerster, Karl (1940b): *Schau- und Sichtungsgartenbewegung, 4.11.1940.* Nachlass Karl Foerster, Staatsbibliothek Berlin, Katalog 60, Mappe 18.

Foerster, Karl (1941a): *Bodenständige Pflanzen. Schlichtende Gedanken zu diesem Begriff.* In: *Gartenschönheit*, Bd. Seite 128–130. Verlag der Gartenschönheit, Berlin.

Foerster, Karl (1941b): *Die Farnschlucht im Nymphenburger Botanischen Garten.* In: *Gartenschönheit*, Sammelband 1941, Seite 165–167. Verlag der Gartenschönheit, Berlin.

Foerster, Karl (1941c): *Kleines Bilderlexikon der Gartenpflanzen.* Verlag der Gartenschönheit, Karl Specht KG., Berlin.

Foerster, Karl (1941d): *Natur.* Schriften aus dem Nachlass der Deutschen Staatsbibliothek Berlin. In: Foerster, Eva; Rostin; Gerd (Hg.) (2001): *Ein Garten der Erinnerung.* 5. Auflage, Seite 330–332. L und H Verlag, Hamburg.

Foerster, Karl (1942): *Klassische Staudengräser des Jahres 1942.* In: *Gartenbau im Reich*, Sammelband 1942, Seite 48 und 50. Verlag der Gartenschönheit, Berlin.

Foerster, Karl (1943a): *Aus Briefen an Elisabeth Koch.* Briefe aus dem Nachlass der Deutschen Staatsbibliothek Berlin. In: Foerster, Eva; Rostin, Gerd (Hg.) (2001): *Ein Garten der Erinnerung.* 5. Auflage, Seite 323–326. L und H Verlag, Hamburg.

Foerster, Karl (30.11.1943b): *Erleichterung und Verbilligung der Schmuckgartenpflege.* Aus dem Nachlass Karl Foerster, Deutsche Staatsbibliothek Berlin, Katalog. 77, Mappe 11.

Foerster, Karl (1944): *Dauerbeobachtungen bei der Staudenpflege.* In: *Gartenbau im Reich,* Sammelband 1944, Seite 36 und 39. Verlag der Gartenschönheit, Berlin.

Foerster, Karl (1948): *Aus Briefen an Elisabeth Koch.* Briefe aus dem Nachlass der Deutschen Staatsbibliothek Berlin. In: Foerster, Eva; Rostin, Gerd (Hg.) (2001): *Ein Garten der Erinnerung.* 5. Auflage, Seite 440. L und H Verlag, Hamburg.

Foerster, Karl (1950): *Vom großen Welt- und Gartenspiel.* Verlag Schwinn & Heléne, Darmstadt.

Foerster, Karl (1957): *Rhythmus und Dreiklang im Staudengarten.* In: *Garten + Landschaft* Nr. 11, Seite 296–297. Callwey Verlag, München.

Foerster, Karl (1960): *Garten und Familie.* In: Foerster, Eva; Rostin, Gerd (Hg.) (2001): *Ein Garten der Erinnerung.* 5. Auflage, Seite 419–423. L und H Verlag, Hamburg.

Foerster, Karl (1965): *Genius Loci.* In: *Garten + Landschaft* Nr. 10, Seite 67. Callwey Verlag, München.

Foerster, Karl (1978): *Einzug der Gräser und Farne in die Gärten.* 4., überarbeitete Auflage 1978. Neumann Verlag, Leipzig

Foerster, Karl (1987): *Der Steingarten der sieben Jahreszeiten. Arbeits- und Anschauungsbuch für Anfänger und Kenner; naturhaft oder architektonisch gestaltet.* Bearbeitet von Bernhard Röllich. 10. Auflage. Neumann Verlag, Leipzig und Radebeul.

Foerster, Karl (1991): *Neuer Glanz des Gartenjahres: Bilder, Berichte und Erfahrungstabellen aus dem Leben der winterhart ausdauernden Gewächse des Gartens.* 9., überarbeitete Auflage von Konrad Näser. Neumann Verlag, Radebeul.

Foerster, Karl (1997): *Es wird durchgeblüht.* 5. Auflage. Jagd- und Kulturverlagsanstalt, Vaduz.

Foerster, Karl (2006): *Blauer Schatz der Gärten. Kommende Freundschaft der Gartenmenschen mit der neuen Sphäre der Gartenfarben, dem blauen Flor der Monate von Vorfrühling bis Herbst.* 4., überarbeitete Auflage. Herausgegeben von Norbert Kühn. Verlag Eugen Ulmer, Stuttgart.

Foerster, Karl (2007): *Freude und Ärger im Garten – Ein Lesebuch. Bearbeitet von Uwe Peglow.* Verlag Eugen Ulmer, Stuttgart.

Foerster, Marianne (2005): *Der Garten meines Vaters.* Deutsche Verlags-Anstalt, München.

Foerster, Marianne (2006): *Führung durch den Bornimer Garten, 1. September 2006.* Tag des offenen Denkmals.

Foerster, Wilhelm (1936): *Ein Besuch bei Alexander von Humboldt. Erstdruck unter der Überschrift: Wir lesen: ein Besuch bei Humboldt* . Aus: *Der Sternfreund,* Heft 3, 1936, Seite 120–124. In: Foerster, Eva; Rostin, Gerd (Hg.) (2001): *Ein Garten der Erinnerung. Meine Eltern.* 5. Auflage, Seite 50–55. L und H Verlag, Hamburg.

Forschungsanstalt für Gartenbau Weihenstephan (Hg.) (o.J.): *Staudensichtung:* http://www.staudensichtung.de. Zugriff: 01.04.2010.

Gartenamt (Hg.) (1971): *Professor Dr. h.c. Karl Foerster.* In: *Gartenamt* Heft 1. Patzer Verlag, Berlin.

Groeningen, Isabelle van (o.J.): *Color.* In: *Encyclopidia of Garden History and Design.* Editor: Candice A. Shoemacker. Volume 1+ 2, Seite 314–317. Chicago Botanic Garden, Chicago.

Gröning, Gert, Wolschke-Buhlmahn, Joachim (1997): *Grüne Biographien. Biographisches Handbuch zur Landschaftsarchitektur des 20. Jahrhunderts in Deutschland.* Patzer Verlag, Berlin.

Hammerbacher, Hertha (o. J.a): *Frühe Arbeitsjahre Hermann Matterns – von 1926 bis ca. 1939.* In: Akademie der Künste, Technische Universität Berlin (Hg.) (1982): *Hermann Mattern 1902–1971, Gärten, Gartenlandschaften, Häuser.* Ausstellungskatalog der Technischen Universität Berlin, Seite 21–23. Technische Universität Berlin.

Händel, Andreas (2006): *Führung durch den Bornimer Garten, 1. September 2006.* Tag des offenen Denkmals.

Hanisch, Karl Heinz (o.J.): *Gartenschauen von Hermann Mattern.* In: Akademie der Künste, Technische Universität Berlin (Hg.) (1982): *Hermann Mattern 1902–1971, Gärten, Gartenlandschaften, Häuser.* Ausstellungskatalog der Technischen Universität Berlin, Seite 67f. Technische Universität Berlin.

Hansen, Richard (1980): *Sichtungsgarten Weihenstephan.* 3., veränderte Auflage. Callwey Verlag, München.

Hansen, Richard (1997): *Die Stauden und ihre Lebensbereiche in Gärten.* 5. Auflage. Verlag Eugen Ulmer, Stuttgart.

Helwig, Werner (1960): *Die blaue Blume des Wandervogels. Vom Aufstieg, Glanz und Sinn einer Jugendbewegung.* Sigbert Mohn Verlag, Gütersloh.

Hertle, Bernd (o. J.): *Sichtung – Ein Beitrag für vitale Pflanzen im Garten.* Broschüre der Fachhochschule Weihenstephan. Fachhochschule Weihenstephan, Freising.

Hobhouse, Penelope (1986): Farbe im Garten. Übersetzung von Helge Mücke. 2. Auflage, Eugen Ulmer Verlag, Stuttgart.

Hobhouse, Penelope (2002): *Der Garten: Eine Kulturgeschichte.* Übersetzung von Ulrike Enderwitz, Monika Noll und Coralie Wink. Dorling Kindersley, München.

Höcker, Karla (1977): *Ein Kind von damals.* In: Foerster, Eva, Rostin, Gerd (Hg.) (2001): *Ein Garten der Erinnerung. Reise doch – Bleibe doch!* 5. Auflage, Seite 226. L und H Verlag, Hamburg.

Höger, Ilse (2000): *Villa Hanbury auf Cap Mortola.* In: *Gartenpraxis* Nr. 6, Seite 58–59. Verlag Eugen Ulmer, Stuttgart.

Holzlöhner, Ines (1982): *Pflanzenverwendung bei Hermann Mattern.* In : Akademie der Künste, Technische Universität Berlin (Hg.) (1982): *Hermann Mattern 1902–1971, Gärten, Gartenlandschaften, Häuser.* Ausstellungskatalog der Technischen Universität Berlin, Seite 23–36. Technische Universität Berlin.

Hottenträger, Grit; Schuhmacher, Horst (1985): *Der Garten Simon in Berlin-Hohengatow – Ein Hausgarten von Karl Foerster.* Dokumentation und Bestandsaufnahme i. A. der Karl-Foerster-Stiftung, unveröffentlichtes Manuskript.

Internationale Stauden-Union (Hg.) (2006): *www.isu-perennials.org.de.* Internationale Staudenunion, CH-5210 Windisch. Zugriff: 05.10.06.

Iven, Matthias (Hg.) (1995): *3 x Foerster: Beiträge zu Leben und Werk von Wilhelm Foerster, Friedrich Wilhelm Foerster und Karl Foerster.* Schibri-Verlag, Milow.

Jekyll Estate (Hg.) (o.J.): *Gertrude Jekyll. www.gertrudejekyll.co.uk.* Zugriff: 01.11.2006.

Jekyll, Gertrude (1907): *Wald und Garten.* Übersetzung von Gertrud von Sanden. Verlag Baedeker, Leipzig.

Jekyll, Gertrude (1988): *Pflanzenbilder aus meinen Gärten. Über englische Gartengestaltung.* Verlag Eugen Ulmer, Stuttgart .

Jones, David (o.J): *Fernery.* In: *Encyclopidia of Garden History and Design.* Editor: Candice A. Shoemacker, Volume 1+ 2, Chicago Botanic Garden, Seite 454 f. Chicago.

Karl-Foerster-Stiftung. *www.karl-foerster-stiftung.de. Infomation der Stiftung zum Leben und Werk Karl Foersters und akuellen Forschungsstand.* Die Stiftung nennt ausgewählte Gärten – mit Adressen.

Kasiske, Michael (2001): *Karl Foersters Freundschaftsinsel.* In: *Garten + Landschaft* Nr. 6, Seite 36–39. Callwey Verlag, München.

Köhlein, Fritz (2003): Mohn *und Scheinmohn. Papaver, Meconopsis und andere Papaveraceae.* Verlag Eugen Ulmer, Stuttgart.

Körner, Stefan (1996): *Zur Humanität eines Rassisten.* In: *Garten + Landschaft* Nr. 6, Seite 33–36. Callwey Verlag, München.

Körner, Stefan (2001): *Theorie und Methodologie der Landschaftsplanung, Landschaftsarchitektur und Sozialwissenschaftlichen Freiraumplanung vom Nationalsozialismus bis zur Gegenwart.* Schriftenreihe der Fakultät VII Architektur Umwelt Gesellschaft der Technischen Universität Berlin, Nr. 118. Technische Universität Berlin.

Kreuter, Marie Luise (2006): *Karl Foerster, Züchtungen und Gedanken für die Zukunft.* Im Auftrag der Karl-Foerster-Stiftung. Nachdruck der Auflage von 1978. 2. Auflage herausgegeben von der Foerster-Stauden GmbH, Potsdam.

Krüger, F.H.O (1927a): *Farbenordnung und Blumenfarben 1* In: *Gartenschönheit* Sammelband 1927. Seite 234. Verlag der Gartenschönheit, Berlin.

Krüger, F.H.O (1927b): *Farbenordnung und Blumenfarben 2.* In: Gartenschönheit Sammelband 1927, Seite 260. Verlag der Gartenschönheit, Berlin.

Kühn, Norbert (2002): *Munstead Wood – der private Garten von Gertrude Jekyll.* In: *Gartenpraxis* Nr. 5, Seite 49–54. Verlag Eugen Ulmer, Stuttgart.

Maass, Inge (o.J.): *Der Killesberg – Messestandort, Gartendenkmal, lebendiges Kunstwerk.* In: Akademie der Künste, Technische Universität Berlin (Hg.) (1982): *Hermann Mattern 1902–1971, Gärten, Gartenlandschaften, Häuser.* Ausstellungskatalog der Technischen Universität Berlin, Seite 69–70. Technische Universität Berlin.

Mader, Günther (1999): *Gartenkunst des 20. Jahrhunderts.* Deutsche Verlags-Anstalt, Stuttgart.

Mattern, Hermann (1960): *Das Haus im Garten.* In: *Gärten und Gartenlandschaften*, Stuttgart, 1960, Seite 92. In: Akademie der Künste, Technische Universität Berlin (Hg.) (1982): *Hermann Mattern 1902–1971, Gärten, Gartenlandschaften, Häuser.* Ausstellungskatalog der Technischen Universität Berlin, Seite 95. Technische Universität Berlin.

Matthaei, Rupprecht (Hg.) (1955): *Goethe, die Schriften zur Naturwissenschaft.* Vierter Band: *Zur Farbenlehre, Widmung, Vorwort und didaktischer Teil.* Verlag Hermann Bohlhaus Nachfolger, Weimar.

Matthaei, Rupprecht (Hg.) (1971): *Goethes Farbenlehre*, Otto Maier Verlag, Ravensburg.

Maubach, Anja (1990): *Gertrude Jekyll – eine vielseitige Gartenkünstlerin.* In: *Garten + Landschaft* Nr. 12, Seite 33–38. Callwey Verlag, München.

Müller, Frank (1998): *Konfusion um alte Foerster-Sorten.* In: *Gartenpraxis* Nr. 2, Seite 12–15. Verlag Eugen Ulmer, Stuttgart.

Müller, Wolfgang (2002): *Gärtnern als kulturelle Tätigkeit. Leben und Werk des Staudengärtners Ernst Pagels.* Diplomarbeit an der Universität Hannover. Universität Hannover.

Näser, Konrad (1995): *Karl Foersters Staudenzüchtungen – Anfang oder Ende einer Entwicklung.* In: Iven, Matthias (Hg): *3 x Foerster: Beiträge zu Leben und Werk von Wilhelm Foerster, Friedrich Wilhelm Foerster und Karl Foerster.* Seite 221–234. Schibri Verlag, Milow.

Näser, Konrad (1999): *Karl Foersters Staudenzüchtungen. Anfang oder Ende einer Entwicklung?* Ohne Verlag.

Nitschke, Günther (1993): *Japanische Gärten.* Benedikt Taschen Verlag, Köln.

Novalis (Friedrich von Hardenberg) (o.J): *Heinrich von Ofterdingen.* (Hg.) von F. Schlegel u. Tieck, (1802). In: *Dichtung der Romantik.* Band 1, 1960, Seite 7–150. Verlag Vollmer, Wiesbaden-Berlin.

Oehme, Wolfgang; van Sveden, James; (1991): *Bold romantic gardens: The New World Landscapes of Oehme and Van Sweden.* Acropolis Books, Washington.

Ostwald, Wilhelm (1917): *Die Farbenfibel.* Verlag Unesma, Leipzig.

Ploberger, Karl (2005): *Der Garten für intelligente Faule. Ideen und Praxis.* Verlag Eugen Ulmer.

Pniower, Georg (1959): *Georg Pniower in einem Artikel zum 85. Geburtstag.* Schriften aus dem Nachlass der Deutschen Staatsbibliothek Berlin. In: Foerster, Eva; Rostin, Gerd (Hg.) (2001): *Ein Garten der Erinnerung. Meine Eltern.* 5. Auflage, Seite 402–405. L und H Verlag, Hamburg

Porikys, Gunnar (1995): *Botschaften des Lichts. Karl Foerster als Photograph und Visualpädagoge.* In: Iven, Mathias (Hg): *3 x Foerster – Beiträge zu Leben und Werk von Wilhelm Foerster, Friedrich Wilhelm Foerster und Karl Foerster.* Schibri Verlag, Milow. Urania Verein, Potsdam.

Reitsam, Charlotte (1997): *Karl Foerster.* In: *Garten + Landschaft*, Nr. 3, Seite 33–36. Callwey Verlag, München.

Reitsam, Charlotte (1998a): *Herta Hammerbacher.* In: *Garten + Landschaft* Nr. 11, Seite 38–41. Callwey Verlag, München.

Reitsam, Charlotte (1998b): *Hermann Mattern.* In: *Garten + Landschaft* Nr. 12. Seite 37–40. Callwey Verlag, München.

Royal Botanical Gardens, Kew and Missour Botanical Gardens (2011): *The Plant List. www.theplantlist.org.* Zugriff: Februar–April 2011.

Rücker, Karlheinz (2002): *Eva Foerster zum 100. Geburtstag.* In: *Gartenpraxis* Nr. 6, Seite 6. Verlag Eugen Ulmer, Stuttgart.

Sachweh, Ulrich (1987): *Der Gärtner – Grundlagen des Gartenbaus.* 2. Auflage. Verlag Eugen Ulmer, Stuttgart

Schneider, Stefan (2002): *Staudenverwendung in Deutschland in der zweiten Hälfte des 20. Jahrhunderts am Beispiel ausgewählter Fachleute.* Diplomarbeit am Institut für Grünplanung und Gartenarchitektur, Fachbereich Landschaftsarchitektur und Umweltentwicklung Universität Hannover. Universität Hannover.

Seifert, Alwin (1929a): *Gedanken über bodenständige Gartenkunst.* In: *Die Gartenkunst*, August 1929, Seite 118–123. Werner Verlag, Worms

Seifert, Alwin (1929b): *Gedanken über bodenständige Gartenkunst.* In: *Die Gartenkunst*, September 1929. Seite 131 f. Werner Verlag, Worms.

Seifert, Alwin (1929c): *Gedanken über bodenständige Gartenkunst.* In: *Die Gartenkunst*, November 1929, Seite 175–178. Werner Verlag, Worms.

Seifert, Alwin (1929d): *Gedanken über bodenständige Gartenkunst.* In: *Die Gartenkunst*, Dezember 1929, Seite 191–195. Werner Verlag, Worms.

Seifert, Alwin (1930a): *Bodenständige Gartenkunst.* In: *Die Gartenkunst*, Oktober 1930, Seite 162–164. Werner Verlag, Worms.

Seifert, Alwin (1930b): *Randbemerkungen zum Aufsatz.* In: *Die Gartenkunst*, Oktober 1930, Seite 166. Werner Verlag, Worms.

Seifert, Alwin (1939a): *Von bodenständiger Gartenkunst.* In: *Gartenschönheit*, Sammelband 1939, Seite 2 f. Verlag der Gartenschönheit, Berlin.

Seifert, Alwin (1939b): *Von bodenständiger Gartenkunst II.* In: *Gartenschönheit* Sammelband 1939, Seite 42–44. Verlag der Gartenschönheit, Berlin.

Simon, Hans (1992): *Nichteinheimische Stauden.* In: *Garten + Landschaft* Nr. 5, Seite 15–20. Callwey Verlag, München.

Stiglmayr, Jakob (1995): *Schöne Duftpflanzen.* Verlag Eugen Ulmer, Stuttgart.

Svoboda, Antonin Marian (o.J.): *Pruhonitz.* In: *Encyclopidia of Garden History and Design.* Editor: Candice A. Shoemacker, Volume 1 + 2, Chicago Botanic Garden, Seite 1089–1091. Chicago Botanic Garden, Chicago.

Topos (Hg.) (o.J.): *Gartendenkmalpflegerische Analyse und Konzeption der Freundschaftsinsel Potsdam (1996–2001. www.topos-planung.de.* Zugriff: 04.12.2006.

Viering, Kerstin (17.08.2001): *Es wird durchgeblüht. Zwei Ausstellungen widmen sich dem Lebenswerk Karl Foersters. Die Rolle des Gartenkünstlers im Nationalsozialismus ist umstritten.* In: *Potsdamer Neueste Nachrichten*, Seite 13. Potsdamer Zeitungsverlagsgesellschaft, Potsdam.

Wimmer, Clemens Alexander (1989): *Geschichte der Gartentheorie.* Wissenschaftliche Buchgesellschaft. Darmstadt.

Wolschke-Buhlmahn, Joachim (1992): *The „Wild Garden" and the „Nature Garden" – Aspects of the Garden Ideology of William Robinson und Willy Lange.* In: *Journal of Garden History*, Vol. 12, No. 3, Seite 183–206. The Garten History Society, London.

Für Interessierte

Karl-Foerster-Stiftung. www.karl-foerster-stiftung.de. Information der Stiftung zum Leben und Werk Karl Foersters und aktuellen Forschungsstand.

Bildquellen

Akademie der Künste, TU Berlin (1982): Hermann Mattern 1912–1971 – Gärten, Gartenlandschaften, Häuser. Berlin. Foto: beatefoto: Seite 101
Akademie der Künste, TU Berlin (1982): Hermann Mattern 1912–1971 – Gärten, Gartenlandschaften, Häuser. Fürst & Sohn, Berlin. Foto: Archiv Mattern: Seite 94
Akademie der Künste, TU Berlin (1982): Hermann Mattern 1912–1971 – Gärten, Gartenlandschaften, Häuser. Fürst & Sohn, Berlin. Foto: Bauer, Max; Aschau/CH: Seite 12
Akademie der Künste, TU Berlin (1982): Hermann Mattern 1912-1971 – Gärten, Gartenlandschaften, Häuser. Fürst & Sohn, Berlin. Plansammlung der Technischen Universität Berlin.: Seite 102
botanikfoto/Steffen Hauser: Seite 77, 84, 86, 124,127
Fischer, Ellen: Seite 64 re.
Foerster, E./Rostin, G. (2001): Der Garten der Erinnerung. 6. Auflage, Verlag Eugen Ulmer 2009.: Seite 6, 7 li., 8, 11, 82, 80
Foerster, E./Rostin, G. (2001): Der Garten der Erinnerung. 6. Auflage, Verlag Eugen Ulmer 2009. Foto: Gilsenbach, Reimar: Seite 2
Foerster, E./Rostin, G. (2001): Der Garten der Erinnerung. 6. Auflage, Verlag Eugen Ulmer 2009. Foto: Porikys, Gunnar: Seite 14
Foerster, K.: Vom Blütengarten der Zukunft. Verlag der Gartenschönheit, Berlin Westend. Foto: Foerster, Karl: Seite 81
Foerster, K.: Winterharte Blütenstauden und Sträucher der Neuzeit, 3. Auflage. JJ. Weber, Leipzig.: Seite 67
Foerster, K.: Blumen auf Europas Zinnen. Rotapfel Verlag Erlenbach bei Zürich. Foto: Steiner, Albert: Seite 36
Foerster, K. (1938): Neue Blumen – neue Gärten. In: Die Gartenschönheit. Sammelband 1938. Archiv des Verlages der Gartenschönheit: Seite 18
Foerster, K.: Garten als Zauberschlüssel. Neue Originalausgabe nach der 1934 erschienenen 1. Aufl., Jagd- und Kultur-Verlag, Sulzberg 1988.: Seite 34, 49, 54, 55, 96 o., 96 u.
Foerster, K./Peglow, U. (2001): Freude und Ärger im Garten.: Seite 128, U4
Foerster, K.: Gartenfreude wie noch nie: Kleines Gartenärgerlexikon. Folgeband der Bornimer Wegweiser. Aktiengesellschaft für Druck und Verlag, Kassel.: Seite 26, 109, 120
Foerster, K.: Gartenfreude wie noch nie: Kleines Gartenärgerlexikon. Folgeband der Bornimer Wegweiser. Verlag der Gartenschönheit, Berlin und Bern. Foto: Karl Foerster; Gartengestaltung: Hermann Mattern und Herta Hammerbacher.: Seite 91
Foerster, K.: Gartenfreude wie noch nie: Kleines Gartenärgerlexikon. Folgeband der Bornimer Wegweiser. Verlag der Gartenschönheit, Berlin und Bern. Foto: Scherl: Seite 68
Foerster, K.: Winterharte Blütenstauden und Sträucher der Neuzeit., 3. Aufl. JJ. Weber, Leipzig.: Seite 3 o., 17, 30
Foerster-Archiv: Titelbild Einklinker
Foerster-Archiv/Foerster, Marianne: Seite 4
Foerster-Archiv/Wertan, Jolt: Seite 22
Heinrich Vroni: Hausgärten von Hermann Mattern. In: Gartenpraxis (5/1996). Verlag Eugen Ulmer, Stuttgart. Foto: Mattern, Hermann, Garten Bergius: Seite 92
Hottenträger, Grit: Seite 99 o., 99 u., 100 re., 100 li.
istockphoto/Anneclaire Le Royer: Seite 51
Kreuter, M.-L. (2006): Karl Foerster – Züchtungen und Gedanken für die Zukunft. Foerster-Stauden GmbH, Berlin.: Seite 10
Kühl, O./ Schneider, C. (1941): Schönheit in Baum und Strauch. Verlag der Gartenschönheit, Berlin. Archiv des Verlages der Gartenschönheit.: Seite 50
Kühn, Norbert: Seite 90, 113, 114
Matthias, Iven (Hg., 1995): 3x Foerster, Beiträge zu Leben und Werk von Wilhelm Foerster, Friedrich Wilhelm Foerster und Karl Foerster. Schibri-Verlag, Milow.: Seite 7 re.
Mehliß, Carsten: Seite 44, 73, 119
Morell, Eberhard: Seite 64 li.
Näser, Konrad: Seite 106
Nickig, Marion: Titelbild, Seite 3 u., 15, 24, 39, 40, 42, 46, 48, 58, 59, 62, 63, 70, 74, 78, 89, 104, 107, 108, 115, 117, 118, 126
Reif, Jonas: Seite 35, 122
Rogers, Gary: Seite 57, 87, 88, 111
Schlenker, Erich (1939) Das Erlebnis einer Landschaft - ein Bildbericht von der Reichsgartenschau Stuttgart. Stuttgart. Foto: Moegle, Willi: Seite 27, 103 re., 103 li.
Schlenker, Erich (1939) Das Erlebnis einer Landschaft - ein Bildbericht von der Reichsgartenschau Stuttgart. Stuttgart. Foto: Ohler, A.: Seite 28
Technische Informationsbibliothek und Universitätsbibliothek Hannover, nachkoloriert von Helmuth Flubacher: Foerster K.: Steingarten im Frühsommer. In: Die Gartenschönheit, Sammelband 1925. Verlag der Gartenschönheit, Berlin.: Seite 75
Technische Informationsbibliothek und Universitätsbibliothek Hannover: Alwin Berger: Ludwig Winter. In: „Die Gartenschönheit", Sammelband 1923.: Seite 9 o., 9 u.
Technische Informationsbibliothek und Universitätsbibliothek Hannover: Foerster, K.: Blütenbeete. Der Duftgarten. In: Die Gartenschönheit, Sammelband 1920. Verlag der Gartenschönheit, Berlin.: Seite 52
Technische Informationsbibliothek und Universitätsbibliothek Hannover: Foerster, K.: Blütenbeete: Aufgaben und Lösungen. In: Die Gartenschönheit, Sammelband 1920. Verlag der Gartenschönheit, Berlin.: Seite 71
Technische Informationsbibliothek und Universitätsbibliothek Hannover: Foerster, K.: Eine Staudenecke. In: Die Gartenschöheit, Sammelband 1927. Verlag der Gartenschönheit, Berlin.: Seite 76
Technische Informationsbibliothek und Universitätsbibliothek Hannover: Foerster, K.: Eine Staudenrabatte. In: Die Gartenschönheit, Sammelband 1926. Verlag der Gartenschönheit, Berlin.: Seite 73
Technische Informationsbibliothek und Universitätsbibliothek Hannover: Foerster, K.: Einzug der Winterharten Schmuckgräser in die Gärten. In: Die Gartenschönheit, Sammelband 1931. Verlag der Gartenschöneheit, Berlin.: Seite 33, 97, 98 u., 98 o.
Technische Informationsbibliothek und Universitätsbibliothek Hannover: Gaganow, P.G. (1961): Staudenphlox. Mit einem Geleitwort und Ausführungen zur Kultur, Verwendung und Züchtung sowie zu den neuen dt. Sorten von Karl Foerster. VEB Berlin.: Seite 60
Technische Informationsbibliothek und Universitätsbibliothek Hannover: Hammerbacher, H./Mattern, H.: Hausgarten. In: Monatshefte für Baukunst und Städtebau, Sammelband 1933. Bauwelt-Verlag, Berlin.: Seite 25, 95 o., 95 re., 95 li.
Technische Informationsbibliothek und Universitätsbibliothek Hannover: Paul Kache: Einfassungen; Bild Heydenreich. In: Die Gartenschönheit, Sammelband 1925. Verlag der Gartenschönheit, Berlin.: Seite 83

DEUTSCHE STIFTUNG DENKMALSCHUTZ

Das Foerster Anwesen ist heute Eigentum der Deutschen Stiftung Denkmalschutz.

Ziel der Stiftung ist es, den Garten und das Haus authentisch zu erhalten, zu erforschen und für interessierte Besucher zugänglich zu machen.

Die Restaurierung, Erhaltung und Pflege erfolgt durch Mittel der treuhänderischen Marianne Foerster Stiftung. Sie können durch Spenden zum dauerhaften Erhalt dieses Kulturdenkmals beitragen:

DSD-Marianne Foerster-Stiftung
Konto 2 127 994 02
BLZ 370 800 40
Commerzbank vormals Dresdner Bank

Die Veröffentlichung der nach dem Tod von Marianne Foerster im Foerster-Garten aufgenommenen Bilder erfolgt mit freundlicher Genehmigung der Deutschen Stiftung Denkmalschutz

Impressum

Die in diesem Buch enthaltenen Empfehlungen und Angaben sind vom Autor mit größter Sorgfalt zusammengestellt und geprüft worden. Eine Garantie für die Richtigkeit der Angaben kann aber nicht gegeben werden. Autor und Verlag übernehmen keinerlei Haftung für Schäden und Unfälle.

Bibliografische Information der Deutschen Nationalbibliothek
Die Deutsche Nationalbibliothek verzeichnet diese Publikation in der Deutschen Nationalbibliografie; detaillierte bibliografische Daten sind im Internet über http://dnb.d-nb.de abrufbar.

Wollgrasweg 41, 70599 Stuttgart (Hohenheim)
E-Mail: info@ulmer.de
Internet: www.ulmer.de
Lektorat: Doris Kowalzik
Umschlagentwurf: Katja von Ruville, Frankfurt
Innenlayout und dtp: red.sign, Susanne Junker, Stuttgart
Reproduktionen: Medienfabrik, Stuttgart
Druck und Bindung: Firmengruppe APPL, aprinta druck, Wemding
Printed in Germany

ISBN 978-3-8001-7632-8

Vom großen Staudengärtner Karl Foerster

- Über 200 Pflanzenlisten und -tabellen
- Kombinationen und Verwendungstipps
- Pflanzen für Problemstandorte auf einen Blick

Der Klassiker von Karl Foerster: Dieses völlig überbearbeitete und aktualisierte Nachschlagewerk stellt in übersichtlicher Form das gesammelte Wissen von Karl Foerster zur Verwendung und Kombination unterschiedlichster Gartenpflanzen vor.

Lebende Gartentabellen.

Pflanzenverwendung für jede Gartensituation.

Karl Foerster, Klaus Kaiser. 3. aktualisierte Auflage 2011.

249 S., geb. mit SU. ISBN 978-3-8001-5784-6.

- Ausgewählte Kapitel aus Foersters Publikationen
- Auszüge aus Briefen und privaten Aufzeichnungen
- Persönliche Erinnerungen vieler Zeitgenossen

Ein Lebensbild des großen Gärtners, Staudenzüchters, Garten-Poeten und Schriftstellers. Mit ausgewählten Kapiteln aus Foersters Publikationen, Auszügen aus Briefen und privaten Aufzeichnungen, Erinnerungen vom Vater, Bruder und von vielen Zeitgenossen.

Ein Garten der Erinnerung.

Leben und Wirken von Karl Foerster. Karl Foerster. 2009.

480 S., 6. Auflage, 90 s/w-Fotos, geb. mit SU.

ISBN 978 3 8001 5893 5.

www.ulmer.de Ulmer

Bettina Rehm-Wolters | Mascha Schacht
Ein Garten voller Rosen
klassisch, ländlich, naturnah und modern gestalten
Ulmer

Rick Darke
Enzyklopädie der Gräser
Ulmer